괜히 끌리는 사람들,

호감의 법칙 50

괜히 끌리는 사람들,
호감의 법칙 50

그 사람은 왜 또 만나고 싶은 생각이 드는 걸까?

신용준 지음

RITEC CONTENTS

| Prologue |

호감은 운(運)도 끌어당기는 강력한 마성입니다

나는 인간에 대해 공부하는 사람이다. 공부해 본 사람이라면 잘 알겠지만 가장 어려운 대상이 인간이다. 끝없이 공부해도 알다가도 모르는 것이 인간이다. 그래서 사람들은 인간에 대해 무척 궁금해하고 인간에 대한 이야기를 가장 좋아하는 것 같다. 인간에 대한 끝없는 호기심이 나를 꾸준히 인간에 대해 공부하게 만든다.

인간에 대한 이야기는 심리학에서도 교육학에서도 다룬다. 물론 경영학에서도 인간을 다루며 기록으로 전해지는 역사 대부분도 인간에 대한 이야기이다. 아마도 우주만큼이나 풀기 어렵고 끝도 없이 탐구해야 하는 존재가 인간일 것이다. 이 책은 인간에 대한 이야기이다. 그중에서도 '인간의 호감'에 대한 이야기를 다룬다. 심리학이나 교육학에 나오는 막연하고 이론적인 인간의 매력 '호감'에 대한 이야기가 아니다. 호감에 대한 실전을 다룬다. 나름대로 깊이 있고 체계적인 '호감 실용서'이다.

왜 호감에 대한 이야기를 쓰려고 했을까? 그 이유는 평생을 호감 가는 사람이 되려고 노력했기 때문이다. 마케팅을 했고, 영업을 했으며, 지금은 교육을 주로 하고 있다. 내가 해 온 모든 일을 나름대로 열심히 했다고 자부하는데 '호감'이 가장 중요한 배경이 되었다.

마케팅은 사람들이 물건이나 서비스에 호감을 가지도록 하는 것이었으며 매개체는 물론 사람이었다. 다 아는 사실이지만 대부분의 광고에는 호감 가는 사람들이 나온다. 영업 또한 호감이 절대적이다. 비호감인 사람에게는 좋은 물건조차 비호감으로 보인다. 상품이 상향 평준화된 시대인 지금, 호감은 더욱 강력한 세일즈 무기이다. 교육은 인간의 성장을 다루는 일이다. 호감 가는 선생에게 마음을 쉽게 열기에 교육도 호감 가는 사람에게 유리하다. 호감 가는 선생이 인간의 성장에도 더욱 기여할 수 있다.

필자의 이름을 검색해 보면 알 수 있겠지만 꽤 유명한 기업 강사이다. 대중 앞에 서야만 돈을 벌 수 있는 직업이다. 그 누구보다도 사람들로부터 직접적인 호감을 얻어야 성공할 수 있는 일을 하는 것이다. 사람들은 강사가 해당 분야에 대한 지식만 가지고 있으면 되는 것 아니냐고 반문하겠지만, 내가 다루는 분야 자체가 사람에 대한 것이기 때문에 지식이 전부가 아니다.

강연에서는 리더십, 협상, 설득, 소통, 인간관계, 영업마케팅 등 사람들의 이야기를 주로 다룬다. 인간의 이야기를 다루는 사람이 인간적인 호감이 없다면 어떻겠는가? 청중들은 강사 본인의 인간적인 면이나 신경 쓰라고 할 것이다. 호감 없는 강사가 인간에 대한 이야기를 하면 강의 자체에 대한 호감도 떨어진다. 그만큼 나 역시도 호감이 중요한 사람이며, 대중의 호감을 통해 먹고 사는 사람이다. 결과적으로 호감을 높일수록 나의 가치도 높아진다.

호감을 뻔하고 일반적인 내용으로 과소평가해서는 안 된다. 지금은 호감의 시대이기 때문이다. 다행스러운 것은 호감은 많은 훈련을 통해 높일 수 있는 하나의 숙련된 기술이다. 평소 생각했던 호감에 대한 지식은 실제와는 많이 다를 수 있다. 호감은 시험공부하듯이 학습해야 하며 자동차 운전하듯이 실습해야 한다.

베스트셀러 〈한 시간만 미쳐라〉의 작가 데이브 카라니는 '상대를 설득하고 싶다면 호감도를 높이는 것 또한 연마해야 하는 기술이다. 사람은 누구나 자기가 좋아하는 사람과 비즈니스를 하고 싶어 하기 때문이다.'라고 했다.

삶은 90퍼센트 이상이 인간관계라고 할 수 있다. 인간관계로 상황이 유리해질 수도 불리해질 수도 있는 것이다. 결국 삶에 있어서 호감이라는 전략무기를 갖출 수만 있다면 다양한 상황 속에서 좀 더 좋은 혜택을 얻을 수도 있고 좀 더 깊은 만족감을 경험할 수도 있을 것이다. 상품과 서비스, 비즈니스 수준이 상향 평준화된 시대에 살면서 최종 선택은 그것을 다루는 사람의 호감도에 의해 결정된다는 점을 이해해야 한다.

우선 지금 당장 거울부터 보라. 당신은 정말 호감 가는 사람인가? 외모를 뜻하는 것이 아니다. 당신의 표정, 눈빛, 말투, 태도에 호감이 묻어 있는가? 분명한 것은 당신은 이 책을 통해 호감도를 극대화할 수 있다는 것이다. 쉽고 간단한 사교적인 노하우뿐만 아니라 비즈니스에도 경쟁력을 높여 실적을 높일 수 있도록 직접적인 도움을 줄 것이다.

호감은 당신을 더욱 강력하게 만들어 줄 고수의 숨겨진 무기이다. 당신과 함께하고 싶은 이유를 만들어라. 그리고 호감을 통해 운(運)을 끌어당겨라!

신용준

| 차 례 |

PART 1

끌리는 호감을 만드는 하루 습관

PART 2

스스로에게 호감 가는 사람이 되는 **짧고 사소한 기술들**

PART 3

호감형 인간의 **10가지 스타일**

PART 4

호감을 만드는 마인드 리셋 Keyword 8가지

PART 5

호감을 부르는 실전 전략 I

PART 1

끌리는 호감을 만드는 하루 습관

LAW 01

세상의 모든 것은 관계로 시작하고 관계로 끝난다

"그때 우리가 왜 떨어졌던 겁니까?"

누군가 흥분하며 따지듯 물어본다. 잠시 후 질문을 받은 사람이 담담히 답한다.

"당신 회사의 아이디어도 좋았고, 우리가 선택한 회사의 아이디어도 좋았습니다. 어느 아이디어가 채택되어도 큰 문제가 되지 않는 상황이었습니다. 이 상황에서 솔직히 우리가 다른 회사를 선택한 이유는 단지 그 회사 사람들이 더 좋아서였습니다."

이 장면은 어느 유명 광고인의 비즈니스 회고 중 일부다. 사건의 전말은 이렇다. 그는 큰 프로젝트 프레젠테이션을 앞두고 자신만만하게 자신의 이야기를 시작한다.

'오래전, 나는 광고 프레젠테이션에 참가한 적이 있었다. 우리는 승리를 믿어 의심치 않았다. 내가 이끄는 팀은 미국에서 가장 빠르게 성장한 잠재력이 강한 광고제작팀이었다. 이미 광고시장에서 높은 인지도를 얻고 있었고, 창의적이고 매력적인 광고로 수차례 광고상을 받은 경험도 있었다. 무엇보다도 우리는 잠재적 고객에게 제시할 독창적인 개념과 전략이 완벽했다. 다른 어떤 경쟁 팀도 따라오기 힘들 정도로 그야말로 독창적인 개념과 전략이 완벽했다고 자부했고 자신만만했다.'

그의 자신감은 하늘을 찔렀다. 완벽에 가까운 프레젠테이션과 충분히 예상한 질문과 멋진 답변, 톱니바퀴처럼 정확했던 팀워크까지 남은 건 딱 하나밖에 없었다. 바로 계약하자는 전화였다.

다음 날 아침 전화가 왔다. 자신만만하게 전화를 받았지만 결과는 탈락이었고, 순간 멍해졌다. 충격으로 반나절을 보내고 팀원을 모아놓고 떨어진 원인을 분석했다. 적정 금액, 신선한 아이디어, 완벽한 프레젠테이션, 충분한 경력 등 떨어질 이유가 없었다. 궁금증을 참다못한 그는 회사를 찾아가 물었다. 그가 얻은 답변은 "그 회사 사람들이 더 좋아서였습니다."뿐이었다.

답변이 황당하고 불공정해 보였다. 비슷한 아이디어를 제출했기에 어느 회사를 선택하든 큰 문제는 없지만 그 회사 사람들이 좋아서 선택했다는 답변에 할 말을 잃었다. 논리도 빈약하고 설득도 안 되었다. 모든 것을 재정립해야 했다. 다시 한번 무엇이 문제인지 뼛속 깊이까지 공부하기 시작했다.

불공정하다는 생각은 변함없지만 그래도 서서히 이해되기 시작했다. 바로 비즈니스를 호감이라는 관점으로 바꾸니 말이다. 그때 이후 사람에 대한 호감의 유무만으로 거래가 성사되기도 하고 깨지기도 하는 사례를 수없이 보았다고 그는 회고한다. 즉, 비즈니스 승부처를 호감으로 보기 시작한 것이다.

우리는 각자 위치에서 다른 일을 하고 있다. 누군가는 운전을 하고, 누군가는 문서를 정리하고, 누군가는 음식을 만들고, 그리고 누군가는 강의를 한다. 사는 모습은 제각각이다. 하지만 공통점이 있다. 바로 자신이 설정한 성공 기준에 따라 최선을 다하고 있다는 점이다.

성공 기준은 사람에 따라 각자 다르다. 누구는 돈을 많이 버는 게 성공이고, 누구는 좋은 자리에 앉는 것, 누구는 자연인이 되는 것이 성공이다. 무엇을 생각하든 성공하기 위해선 꼭 필요한 존재가 주변 사람의 도움이다. 사람의 도움이 없다면 어떤 성공에도 이를 수 없다. 성공(成功)의 성패(成敗)는 결국 사람에게 달려있다. 사람을 움직이는 데 가장 큰 힘을 발휘하는 건 사실 '호감'이다.

지금은 정보 공유가 빨라지고, 학력이 높아지고 있으며, 업무 실력이 상향 평준화되는 세상이라 호감이라는 경쟁력이 더욱 절실히 필요하다.

글로벌 경쟁이 시작되면서 같은 제품, 같은 기능이면 기업의 브랜드 이미지, 주변 사람의 평판, 디자인 등 호감 요소에 따라 지갑을 여는 것이 당연한 일이 되었다. 사람 역시 마찬가지다. 두 사람 중 한 사람에게 일을 맡길 때 호감 가는 사람에게 맡기는 건 당연하다. 비즈니스를 하고 있다면 호감을 챙기는 사람이 유리한 고지에 올라갈 수 있다.

우리는 세상에 불평한다. 성공한 사람에게 더 많은 기회를 주고 있다고 말이다. 여기에도 호감의 법칙이 존재한다. 호감이 가기 때문에 같이 일하고 싶어지고, 일을 맡겨도 마음이 편하다. 실력이 월등히 차이 나면 물론 기회는 실력 좋은 사람에게 간다. 하지만 실력은 일반적으로 긴 시간 동안 반복하여 익히면 누구나 일정한 수준에 올라갈 수 있다. 실력이 엇비슷한 상황이면 역시나 호감 가는 사람에게 일을 주고 싶다는 뜻이다. 결국은 실력이 비슷해지면 호감 가는 사람이 더 잘나간다. 호감 때문에 판결을 뒤집은 일이 있다. 바로 미국의 유명 흑인 미식축구 선수이자 영화배우 O.J. 심슨의 이야기다.

O.J. 심슨은 자신의 전 부인과 그녀의 남자친구를 살해했다는 혐의를 받았다. 당시 현장에서 혈흔이 발견되었는데 O.J. 심슨의 혈흔과 99% 일치했다. 그 외에 여러 가지 증거가 그를 범인으로 지목했다. 증거는 충분했지만 배심원의 판단에 따라 유무죄가 갈렸다. O.J. 심슨의 변호인은 그를 체포할 당시 경찰들의 비호감 태도를 집중하여 부각했다. LA에서 흑인의 차별이 심했고 그 앞에는 항상 경찰이

있었다. O.J. 심슨은 흑인들에게 영웅이었고 언론은 물 만난 듯 경찰들의 비호감 태도와 자극적인 문구를 대대적으로 보도했다. O.J. 심슨은 막대한 돈을 들여 배심원들로부터 호감을 얻기 위해 노력했다. 인간적이고 배려심이 강한 사람임을 과하게 드러냈다. 경찰의 비호감과 인간적인 O.J. 심슨의 대결 끝에 가장 이성적이고 공정해야 할 법원은 무죄판결을 내렸다. 과학적인 근거들이 호감 때문에 비합리적인 영향을 행사했다. 무죄로 풀려난 이 사건은 유례없는 일로 지금은 심리학, 범죄학에서 이성을 이긴 감성의 사례로 이용되고 있다.

호감에 대한 가장 대표적인 사례는 MZ세대의 연애에서도 엿볼 수 있다. MZ세대의 연애는 과거 부모세대의 연애와는 달리 자유분방하고 솔직하다. 또한 모든 순간 함께하는 연애보다는 철저하게 선을 지키며 개인 시간을 갖기도 하는 '쿨(cool)한' 연애가 대세다. 이렇다 보니 한 사람을 오래 만나기보다는 내가 끌리는 상대에게 갈아타기도 하는 '환승연애'의 모습이 나타나곤 한다. 그들은 연애에서 사랑을 향한 순정보다는 상대방의 매력과 관계에서 오는 재미를 우선순위로 두기 때문에 서로에게 질리지 않기 위해 끊임없이 노력해야 한다.

즉, 연애를 결혼 상대를 고르기 위한 과정이 아닌 하나의 유흥으로 보는 시각이 팽배해진 시대이기에 상대방에게 '호감'을 사는 것은 매우 중요한 요소이다. 그래서인지 MZ세대 중 일부는 사귀고 싶은 상대에게 매력을 어필하기 위해 연애 코칭 상담을 받기도 하는데, 인기 코치에게 상담받으려면 비용이 1시간에 수십만 원이나 된다고 한다.

실제 후기를 보면 코칭 덕분에 상대방에게 '호감'을 사 연애로 이어졌다는 내용이 다수이며, 심지어 헤어진 상대가 다른 이성이 있는 경우에도 적절한 '호감'을 주어 재결합하게 되었다는 경우도 있었다. 연애 코치들은 이런 후기를 소개하며 연인 간에는 약간의 '밀당'과 확고한 '신뢰'가 필요하다고 덧붙인다.

사람들은 좋아하는 사람을 신뢰하고 믿기 때문이다. 호감은 사람에 대한 좋은 '감정'이다. 이 호감, '좋은 감정'은 일을 할 때는 물론이고 취미 생활, 영업활동, 남녀 간의 연애 등 모든 분야에 영향력을 행사한다. 어쩌면 우리가 내리는 거의 모든 결정에 가장 큰 영향력을 행사하는 건 논리보다 감정이다. 감정 중에서도 호감이, 즉 좋은 감정이 절대적이다.

LAW 02

어떤 사람이 호감을 느끼게 하는가

"이 세상에서 최고 아부는 무엇일까요?"

조직 갈등 해결 강의를 나가면 종종 묻는 말이다. 그러면 다양한 대답이 나온다. "밥 사주는 거요.", "끊임없는 칭찬이요.", "취미활동을 같이해주는 거요." 등 일반적인 아부 방법이 나오고, 유머감각이 있는 사람은 "사모님 칭찬이요." 같은 방법을 제시한다. 이 질문에 대답 중 개인적으로 최고의 대답을 꼽으라면 한 기업 부장이 했던 '진지한 자세의 경청'이란 대답이다. '진지한 자세의 경청' 자체가 요란하지 않지만 큰 아부가 될 수 있는 것이다.

강사라는 직업을 하다 보니 말과 글은 뗄 수는 없는 존재다. 가끔은 말하는 게 힘들다고 느낄 때가 있다. 너무나 지친 상황에서 강의해야 하는 힘든 상황이 많은데, 이때 청중이 진지한 자세로 경청한다면 행복감은 이루 말할 수 없다. 비단 강사뿐이겠는가. 상사, 선생, 이성이 힘들게 말할 때 진지하게 경청해 준다면 말하는 사람은 힘이 날 것이다. 그리고 상대는 잘 들어주는 사람에게 호감이 들 것이다.

"듣는 것은 하나의 기술이다. 북적대는 방에서 누군가와 이야기를 할 경우라도, 나는 그 방에 우리 둘만 있는 것처럼 그를 대한다. 다른 것은 모두 무시하고 그 사람만 쳐다본다. 고릴라가 들어와도 나는 신경 쓰지 않을 것이다."

《핑크 리더십》으로 유명한 메리케이 애쉬의 말이다. 그녀는 사업에 성공하는 데 있어 경청은 최상의 무기라는 사실을 알 수 있었다. 고릴라가 들어와도 신경 쓰지 않고 온전히 상대 말에 집중하는 모습에 협력자들은 많은 호감을 느꼈을 것이다. 그렇다면 경청을 잘해주는 사람에게 호감을 느끼는 이유가 무엇일까? 바로 자신을 인정하고 존경하고 있다는 뜻의 간접적 표현이다. 문제는 경청이 아닌 자기 이야기만 늘어놓는 사람은 비호감이 된다는 사실이다.

기업 강사와 교육컨설팅회사 대표를 하다 보니 많은 사람을 만난다. 워낙 많은 사람을 만나다 보니 혼자 있는 시간이 제일 행복한 것도 사실이다. 그만큼 사람들을 상대하는 일은 피곤한 일이며 에너지를 쏟는 일이다. 특히 한정된 에너지를 뺏어 가는 비호감 사람들을 만날 때는 정말 곤욕스럽다. 단기적 비즈니스에 도움이 되더라도 장기간으로 관계를 유지하고 싶진 않아 멀리한다.

과거에는 사람에게 에너지를 받고 뺏긴다는 사실을 이론으로는 알았지만 비즈니스를 하며 매일 체험한다. 그래서 에너지 관점으로 호감 가는 사람 위주로 만남을 한다. 에너지도 받을 수 있고 다양한 아이디어를 얻을 수 있다.

현재의 나의 직업에서 좋은 점을 꼽으라면 장기간 만날 사람들 위주로 사람 관리를 할 수 있다는 점이다. 과거 직장인 시절에는 에너지를 뺏어 가는 사람이 상사든, 부하든 한 공간 안에 함께 있어야 한다는 점이 무척 힘들었다. 지금은 호감 가는 사람들과 장기간 함께 할 수 있어 운이 들어온다고 믿는다.

당신 역시 호감 가는 사람을 옆에 두어야 한다. 그러기 위해선 당신부터 호감이 되려고 노력해야 한다. 비즈니스를 하다 보면 자동으로 눈이 떠지는 것이 사람에 대한 안목이다. 비슷한 시기 두 사람을 만났다. 안목이 생기면서 호감인 사람과 비호감인 사람을 구분해 관리하기 시작했다.

오랫동안 친분을 쌓아 왔던 지인이 있다. 지금까지 쌓아온 경력도 무척 재미있고 말도 조리 있게 잘한다. 그 지인을 만나면 항상 새로운 정보와 사실들을 듣게 되어 어린 나로서는 매력을 느꼈다. 가끔 만나 나의 호기심을 자극해 준다는 관점에서 그런대로 괜찮은 사람이라 생각했다.

점차 나이가 들면서 알게 된 사실이지만 만나면 항상 본인의 이야기만 늘어놓는 것이었다. 나도 세상 이야기에 밝아지면서 더 이상 호기심 가득한 이야기가 아니었다. 언제부터인가 지루해졌다. 본인의 노력으로 성취한 결과는 없고 온통 과정에 대한 무용담뿐이었다. 예전부터 느꼈지만 내 이야기는 잘 듣지 않았다. 나이를 떠나 경청이 부족한 사람이었다.

지인에게 느껴지는 가장 큰 비호감은 지갑을 전혀 열지 않는 것이었다. 만남의 대부분 나이 어린 내가 샀다. 어느 순간 멀리했다. 시간, 돈뿐만 아니라 나의 영향력에도 얹혀 가려는 느낌을 받았다. 결국, 멀리하게 된 것이다. 본인 이야기만 주로 하고 돈 쓰는 데 인색한 사람들은 기본적으로 누구에게나 비호감이다. 거기다가 에너지도 위축되어 나의 에너지까지 빼앗아 간다면 최악이다.

재미있는 점은 지인 주위 사람들이 대부분 떠나간다는 사실이다. 사람이 떠날 때 원인을 찾았으면 좋겠지만 그런 생각 없이 자기 무용담을 들어줄 새로운 사람을 찾을 뿐이었다.

반대로 무척 호감 가는 사람이 있다. 벌써 오래전부터 인연을 맺고 있는 여성이다. 지금은 유명 주류 업체의 부장이다. 솔직하게 외적으로 눈에 띄게 예쁘다거나 학벌이 뛰어나지 않다. 하지만 사람들은 그녀를 무척 좋아하며 나 역시도 좋아한다. 그녀를 좋아하는 사람들 덕분에 위기 상황에서 여러 회사를 옮겨 가며 여전히 40대 중반의 나이에도 직장에서 건재함을 과시한다. 사람 복이 많은 전형적인 운이 넘치는 사람이다.

그녀는 왜 사람들로부터 호감을 얻는 것일까? 우선 일에 있어서 전문적이고 열정적이다. 그러면서 무척 인간적이다. 굳이 완벽해 보이려고 노력하지 않으며 일과 삶에 대해 항상 꾸밈없이 이야기한다. 상대방을 무척 배려하고 가능하면 도움을 주려 한다. 힘이 들어도 항상 미소를 잃지 않으며 타인에게 관심의 끈을 놓지 않는다. 다른 사람의 이야기 역시 잘 들어준다. 진지한 자세의 경청은 그녀와 밥을 먹고 싶게 만드는 최고의 매력이다. 지금 생각해 보면 나 역시도 많은 도움을 받았다. 정말 고마운 사람이다. 이런 사람에게 운이 따르는 것은 당연하고 공평한 것이다.

호감 가는 사람은 전문성과 열정, 인간미 등 많은 재능을 갖고 있다고 할 수 있다. 많은 재능을 갖고 있다고 해서 시대를 바꿀 재능은 아니다. 단지 자기 일에 최선을 다하고, 배려를 많이 하고, 긍정적인 기운을 가진 사람이다. 지금 당신이 호감을 느끼는 사람을 떠올려 보라. 유명인도 있을 것이고 당장 전화해 차 한잔할 수 있는 사람도 있을 것이다. 그들의 특징을 생각하면 특별난 재주가 있는 건 결코 아니다. 평범한 재주 중 호감을 주는 몇 가지를 갖추고 있는 사람들이다.

호감을 주는 몇 가지 요소를 선천적으로 가지고 태어난 사람이 있다. 외모나 목소리가 대표적인 예다. 하지만 대부분 후천적으로 만들 수 있다. 표정, 매너, 교양, 자기관리, 전문성 등이 후천적인 요소다. 호감의 중요성을 알고, 기본적인 요소를 익히며, 생활에 적용한다면 누구나 호감 가는 사람이 될 수 있다. 당장 누군가 말할 때 당신이 진지하게 들어준다면 호감 가는 사람으로 작은 변화가 시작된다.

호감 가는 사람들은 신화에 나오는 '큐피드의 화살'을 가지고 있다고 한다. 이 화살에 맞으면 누구든 무조건 그 사람을 좋아하게 되고 호감을 느끼게 된다. 호감 가는 정치인은 쉽게 당선되고 호감 가는 직장인은 쉽게 승진한다. 호감 가는 사람은 연애를 잘하여 결혼하게 되고, 장사하면 물건을 잘 팔 수 있다. 그래서 호감은 권력이나 돈 못지않게 큰 힘인 것이다.

당신은 어떤 사람에게 호감을 느끼는가? 호감을 느끼는 사람의 어떤 요소에 호감을 느끼는지, 반대로 나의 어떤 점이 타인에게 호감을 주는지 점검해 보자.

LAW 03

호감이 당신에게 주는 엄청난 선물

호감을 높이면 당신은 어떠한 혜택을 얻을까? 정말 중요한 질문이다. 인간은 이기적인 동물이다. 나에게 도움이 되어야만 호감도를 높이기 위해 노력할 것이기 때문이다.

과거에는 호감이 그렇게 중요하지 않았다. 먹고 살기 힘든 시절인데 호감도가 무슨 소용이 있겠는가? 가난할 때 월급 잘 주는 사장이면 호감형이 아니라도 그저 고마운 사람이었을 테고, 배고픈데 좋은 음식 싸게 파는 장사꾼이면 불친절하고 험상궂어도 감사할 따름이었을 것이다. 하지만 지금은 꼭 그렇지만은 않다. 왜 그럴까? 이제 생존만을 목표로 삼아야 하는 시절은 끝났기 때문이다.

전문가들은 지금을 '엔데믹 시대'라고 표현한다. '엔데믹(endemic)'은 코로나19 이후에 부상한 새로운 경제 질서를 일컫는다. 코로나19가 유행하면서 시작된 팬데믹은 거리두기를 시행하는 등 재난으로 인해 일상이 멈춘 시대를 의미한다. 이러한 팬데믹의 시대를 지나 코로나 대유행이 어느 정도 완화되면서 새롭게 생긴 단어 '엔데믹'은 영어권에서 그간 주로 풍토병이라는 뜻으로 사용됐으나 코로나19 등장 이후 주기적 유행이라는 새로운 뜻으로 사용되기 시작했다.

엔데믹 시대의 핵심은 '저성장'에 있다. 저성장이 새로운 표준이라는 것이다. 엔데믹이 도래하기 전 시대는 '고성장'이 핵심이었으나 그때 기준은 이제 과거로 남았을 뿐이다. 이러한 현상은 소비시장에서도 찾아볼 수 있다. 엔데믹 시대의 상품은 예전만큼 사치스럽지 않다. 팬데믹을 거치며 얼어붙은 경제가 지출보다는 저축 심리를 더 자극하기 때문이다. 그래서 요즘 가장 강력한 트렌드가 바로 '가성비', 즉 '가격 대비 성능의 비율'인 것이다.

소비자들은 이제 비싸고 고급스러운 제품을 찾기보다 성능이 좋아 최대한 오래 사용할 수 있는 제품에 지갑을 연다. 지난 3년간 소비를 최대로 줄이며 생활해보니 가지고 있는 물건만으로도 충분히 생활 가능하다는 사실을 깨달아서다. 이런 상황에서 위기에 처한 회사들을 구할 수 있는 가장 효과적인 방법이 바로 호감을 이용하여 소비를 합리화시킬 수 있는 '인지부조화'를 끌어내는 것이다.

미국의 심리학자인 레온 페스팅거(Leon Festinger)는 1950년대 초에 이상한 신문기사를 보게 된다. 당시 미국의 어느 마을에서 한 사이비 종교 교주가 주장하기를, 자신이 신으로부터 계시를 받았는데 조만간 큰 홍수가 닥칠 것이며 오로지 자신을 믿고 따르는 신도들만 비행접시로 구출된다고 한 것이다. 이를 믿은 사람들은 전 재산을 이 교주에게 맡기고 밤샘 기도에 들어갔다. 그것만으로도 모자라서 친지, 친구 등 연락이 닿는 사람들에게 동참할 것을 설득했다. 적지 않은 사람들이 교주의 주변에 모여 운명의 날을 기다렸는데, 교주가 약속했던 운명의 날은 온종일 구름 한 점 없는 청명한 날씨로 결코 아무 일도 일어나지 않았다. 아마도 그 교주는 그동안 신도들로부터 받은 돈을 챙겨 줄행랑을 쳤을 것이다. 하지만 사건은 그렇게 흘러가지 않았다. 교주는 신도들을 다시 모이게 한 후 이렇게 말했다.

"당신들의 믿음에 힘입어 세계는 멸망의 문턱에서 구원을 받았다."

놀랍게도 이 말을 들은 신도들은 기뻐하며 축제를 벌였고, 이후로도 교주를 신실하게 믿었다. 페스팅거는 어떻게 문명사회의 시민들에게서 이런 일이 일어날 수 있는지 궁금했다. 누가 봐도 교주가 사기꾼이라는 것을 알 수 있는 상황에서, 어떻게 한 명도 아니고 여러 사람이 정반대로 생각할 수 있었을까?

해당 사건은 '인지부조화' 이론을 토대로 설명할 수 있다. '인지부조화'란 어떤 상황에 부딪혔는데 그로부터 이끌어낼 수 있는 합리적인 결론이 기존에 철석같이 믿고 있던 생각과 정면으로 모순될 때, 사람들은 합리적인 결론보다는 부조리하지만 자신의 기존 생각에 부합하는 생각을 선택한다. 이것이 바로 '인지부조화의 원리(cognitive dissonance)'이다. 어리석은 선택을 하고 난 후에는 어떻게든 그 선택이 불가피한 것이었다고 믿으려 애쓰며, 명백한 판단 착오

였어도 끝까지 자신이 옳았다고 우기기도 한다.

호감은 '인지부조화'에 분명히 큰 영향을 미친다. 호감 가는 사람이 뭔가 특별하게 느껴지고 도움을 주고 싶은 생각이 커지는 것도 그 이유이다. 인지부조화에 의해 설명하자면 호감 가는 사람을 '능력이 뛰어난 사람'이라고 합리화시키려고 하며, 호감 가는 사람이 파는 상품이 '더욱 좋은 상품'이라고 논리적으로 자신을 설득하게 된다. 인간을 설명하는 가장 훌륭한 말이 있다.

"인간은 감정적으로 설득되고 논리로 합리화한다."

이 말에 100퍼센트 공감한다. 인간은 실제로 그렇게 합리적이지 않다. 그저 합리적으로 보이려고 노력할 뿐이다. TV 프로그램 〈100분 토론〉을 보면 알 수 있다. 지금까지 수없이 봤지만 한 번도 상대방의 의견에 찬성하고 악수를 하면서 끝내는 것을 본 적이 없다. 토론의 시간이 지날수록 자신의 의견이 옳고 그른 것은 상관없다. 그저 각자의 생각이 확고해질 뿐이며 이성보다는 감정이 앞설 뿐이다.

이러한 '인지부조화'를 가장 잘 반영하고 있는 것이 바로 광고다. 요즘 광고들은 대부분 성능을 강조하지 않는다. 주로 감성적인 호감을 높이는 전략을 세운다.

자동차 광고는 '비올 때 타면 좋다, 어렸을 때 추억을 찾아준다, 당신의 품위에 맞는 차이다' 등 인간들의 감성, 즉 호감을 자극한다. 더 이상 '300마력, 40토크의 12기통 엔진'을 강조하지 않는다.

스마트폰도 마찬가지다. 가족, 친구들과 함께 추억을 나누는 영상을 짧은 영화처럼 보여준다. 거기에는 뛰어난 성능에 대한 포장은 없으며 단지 사랑하는 사람들과의 추억만이 있을 뿐이다. 스마트폰의 기능적인 측면보다는 감성적인 따뜻함을 상품의 가치로 표현하여 호감도를 높이려고 노력한다.

사람도 마찬가지다. 더 이상 인간의 기능적인 면만을 강조하는 시대는 끝났다. 이미 당신과 비슷한 수준의 능력을 갖춘 사람은 넘쳐나기 때문이다. 우리가 중요하게 생각할 것은 기능이 뛰어난 자동차나 스마트폰도 감성으로 표현하는 것처럼 당신의 능력도 호감으로 포장할 필요가 있다. 당신의 능력이 호감이라는 강력한 무기를 만날 때 사람들은 당신을 위해 지갑을 열 것이다.

LAW 04

퍼스널 브랜드시대, 당신의 호감도는

수요와 공급에 따라 가격이 결정된다는 사실은 누구나 알고 있다. 가격이 올라가지 않는 이유는 많겠지만 가장 근본적인 원인은 과잉 공급이라 할 수 있다. 과잉 공급이 심화하면 좋은 물건이라도 가격이 내려간다. 최근 물가에 관한 일련의 현상을 보면 이젠 우리는 과잉 공급 시대에 살고 있다고 할 수 있다.

과잉 공급 중 최근 가장 큰 과잉 공급을 꼽으라면 사람이다. 그것도 고학력자의 과잉 공급이 심각하다. 2022년 1월 발표된 통계를 보면 박사학위 취득자 중 34%가 비정규직이며, 박사학위자 중 40.9%는 다음 학기에 시간강사를 할 계획이었다. 그러나 인문계열 학업 전념자의 시간강사, 박사 후 연구원으로의 진로 확정 비중은 2020년 기준 각각 14.5%인 것으로 나타났다.

강연계나 출판계에 인문학 열풍이지만 인력의 과잉 공급과 인문학 전공자를 필요로 하는 곳이 적어 박사학위 취득 노력에 비해 성공보수는 매우 낮다. 비단 인문학 전공뿐일까? 취업시장은 이미 빙하기고, 50대 부모 세대와 20대 자녀 세대가 좋은 일자리를 두고 다투고 있다. 전 연령에서 인력 과잉 공급으로 전쟁을 치르고 있음을 매일 실감한다.

이런 현상은 우리나라뿐만 아니라 전 세계적인 문제다. 효율과 이익을 최우선으로 여기는 기업은 컴퓨터와 기계가 능률이 높은데 사람을 고용할 일이 없다. 새로운 직업군이 혁명적으로 발생하지 않는 이상 앞으로 고용 상황은 나아지기 어렵다고 본다. 개인이 살아남기 위해 어떤 경쟁력을 가져야 하는지 진지하게 생각하지 않은 사람은 갈수록 살아가기가 어려워질 것이다.

필자는 세 가지 직업을 가지고 있다. 기업 전문 강사, 작가, 교육컨설팅 대표다. 세 가지 모두 '레드 오션'이다. 예전처럼 특별한 직업이 아니라는 뜻이다. 기업 전문 강사는 대학 졸업하고 시작하는 20대 강사부터 은퇴한 60대 이상 강사가 넘쳐난다. 기업 전문 강사는 물론 강사라는 직업이 100만 명이 넘는 게 업계 중론으로 강의 의뢰를 받기 위한 전쟁터다.

작가 역시 비슷하다. 유명 작가들은 고정 팬을 확보해 출간하면 베스트셀러가 되고, 초보 작가들 역시 신선한 콘텐츠를 가지고 신간을 쏟아낸다. 출간되고 일주일도 안 돼 있는 듯, 없는 듯 사라지는 책을 매일 볼 수 있다.

교육컨설팅 시장도 비슷하다. 영업을 나가 보면 다른 분야도 어렵기는 마찬가지다. 누구 하나 속 시원하게 "잘되고 있습니다." 말하는 사람을 보기가 힘들다. 힘들어하는 이유를 근본적으로 판단한다면 공급은 많고 수요는 적다는 뜻이 아닐까 생각한다. 결국, 과잉 공급이 문제다.

한 대기업에서는 20대 직원이 명예퇴직 대상이 될 정도로 고용시장은 불안하다. 그래서일까? 40대가 넘으면 많은 사람이 강사를 하고 싶어 한다. 사실 불안한 마음에 강사를 하고 싶어 한다면 말리는 편이다. 쟁쟁한 경력과 교육철학을 가진 사람들도 고전하는데 자칫 무리하게 도전했다가 본인은 물론 가족까지 피해를 볼 수 있기 때문이다. 그리고 말리는 가장 큰 이유 중 하나가 호감 능력 부족에 있다. 강사에겐 전문성뿐만 아니라 호감을 얻는 능력이 절대적으로 필요하다. 직장에 오랫동안 머물면 자기도 모르게 경직된 자세, 말투, 사고 등으로 인해 강사로서는 비호감 캐릭터가 되어 버렸기 때문이다.

강사가 되고 싶은 사람이지만 호감과 전문성 등 강사의 기본 자질이 준비되어 있지 않아 당장 강사가 되는 것을 말릴 때마다 안타까운 생각이 든다. 저성장을 살아가는 우리의 모습 같기도 하고, 과잉 공급을 준비하지 못한 슬픔 같기도 하다. 앞으로 부모세대보다 못 사는 세대 탄생이 예고된 상황에서 사람의 과잉 공급으로 나만의 브랜드를 만들고 경쟁력을 갖춰야 하는 지상 과제를 앞두고 있다.

"불행을 고치는 약은 희망밖에 없다."

극작가 셰익스피어의 말이다. 과잉 공급으로 모두가 불행하지만 희망은 어딘가 있어야 한다고 생각한다. 다들 힘들다고 하지만 누군가는 거꾸로 올라가는 연어들처럼 분명 올라가고 잘나간다. 나는 그 차이를 호감에서 찾았다. 기술은 충분히 발전했다. 품질은 이미 상향 평준화되어 변별성이 많이 떨어졌다. 좋은 기술은 더 좋은 기술로 금방 대체된다.

그렇다면 지금과 같은 시대에서 쉽게 대체될 수 없는 단 한 가지는 무엇인가? 바로 사람이다. 과잉 공급의 시대지만 특별한 능력을 갖춘 사람은 쉽게 대체될 수 없다. 특히 전문성 있는 사람은 쉽게 대체될 수 없다.

하지만 전문성은 있지만 호감이 가지 않는 사람은 큰 고민거리이다. 세상에는 더 이상 혼자 할 수 있는 건 존재하지 않기 때문이다. 성공을 위해서는 함께 일해야 한다. 사람들은 본능적으로 호감 가는 사람을 좋아하고 함께 일하고 싶어 한다. 당신이 그 무엇과도 대체되지 않는 유일한 방법은 전문성을 갖추는 동시에 호감 가는 사람이 되는 것이다.

호감이 있다면 브랜드를 구축할 수 있고 같은 가격이면 호감 있는 사람에게 일을 준다. 그 일이 또 다른 일을 제공해준다. 공급이 넘쳐나는 건 이젠 숙명이다. 숙명 속에서 잘나가는 방법을 고민해 보자. 잘나가는 방법 중 으뜸은 호감이라 할 수 있다.

10여 년 전, 하버드 경영 대학원에서는 호감도가 비즈니스 영역에 얼마나 큰 영향 미치는지를 조사했다. 미국, 스페인 등 4개의 유명 회사의 직원들과 MBA 학생들을 대상으로 자료를 수집하고 연구했다. 조사의 핵심은 동료의 능력과 호감도를 판단한 뒤 어떤 동료와 함께 일하고 싶은가에 대한 것이었다.

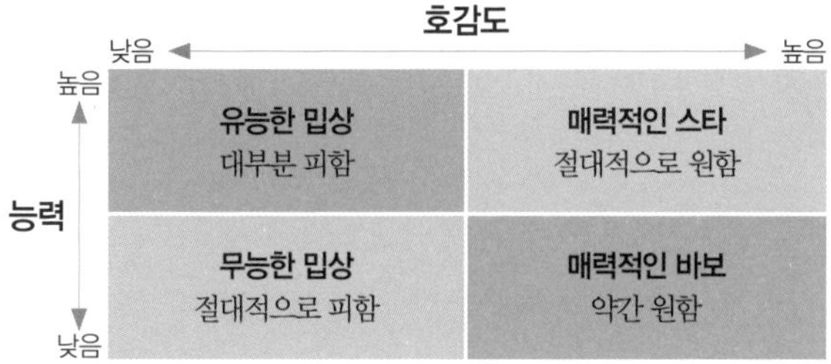

함께하고 싶은 사람은 예상대로 능력 있고 호감도 높은 사람이었다. 가장 일하고 싶지 않은 사람은 누구나 공감하듯이 능력도 없는 데다 호감도도 낮은 사람이었다. 다소 놀라운 사실은 두 번째로 일하고 싶은 사람이었다. 두 번째 일하고 싶은 사람은 능력은 없지만 호감도가 높은 사람이었다. 최초 예상과 다소 빗나갔다고 한다. 대부분의 사람은 능력은 많지만 호감도가 낮은 사람보다는 오히려 능력은 없지만 호감도가 높은 사람과 함께 일하고 싶다는 결과가 나왔다. 이 조사 자료뿐만 아니라 세계적으로 다양한 사례가 비슷한 결과를 말하고 있다.

결국, 나 혼자 똑똑한 것으로는 부족하다. 내 능력이 부족하다 해도 호감을 높일 수만 있다면 분명 나보다 똑똑한 누군가가 나를 지지해 줄 것이다. 호감을 당신의 브랜드로 만들고 사람들의 마음속으로 파고들어라. 호감 가는 인간 브랜드에 사람들은 따뜻한 미소를 보이고 지갑을 열게 된다.

LAW 05

나의 호감도 진단

다음은 나의 호감도를 진단할 수 있는 문항들이다. 각각의 문항들에 대해 Yes / No로 자신을 평가해 보아라. 개인적인 발전을 위해 너무나 관대한 평가를 하지 않길 바란다.

1	나 자신을 사랑하고 누구를 만나든 당당하게 행동한다.	Yes | No
2	의견이 달라도 차이를 인정하고 입장을 바꿔 생각한다.	Yes | No
3	남의 얘기를 잘 듣는 편이라 누구든 나와 대화하기를 좋아한다.	Yes | No
4	직업이나 연령대가 다른 사람을 만나도 쉽게 공통점을 찾을 수 있다.	Yes | No
5	잘난 척하기보다는 진솔하게 개인적인 단점을 드러내는 편이다.	Yes | No
6	나이 어린 사람에게도 모른다고 솔직하게 말하고 도움을 청하기도 한다.	Yes | No
7	문제가 생겨도 남을 탓하거나 불평하지 않는다.	Yes | No
8	삶에 대해 항상 감사하며 실제로 '감사합니다'라는 말을 자주 사용한다.	Yes | No
9	항상 사람들에게 새로운 모습을 보이기 위해 노력하고 외모에도 신경을 쓴다.	Yes | No
10	사람들로부터 상대방을 기분 좋게 하는 능력이 있다는 말을 종종 듣는다.	Yes | No
11	표정이 밝은 편이며 미소 짓는 것에 자신이 있다.	Yes | No

12	호기심이 많고 독서와 배우는 것을 좋아하며 변화를 즐긴다.	Yes │ No
13	건강하며 에너지가 넘친다.	Yes │ No
14	항상 적극적이고 긍정적이어서 사람들을 잘 설득할 수 있다.	Yes │ No
15	감정기복이 크지 않으며 화난 감정을 잘 통제하는 편이다.	Yes │ No
16	상대방의 눈을 잘 쳐다보며 다정스럽게 얘기할 수 있다.	Yes │ No
17	진정성 있는 어조로 상대방을 자연스럽게 칭찬할 수 있다.	Yes │ No
18	상대방의 이름과 얼굴을 기억하려고 노력한다.	Yes │ No
19	살아오면서 인색하다는 얘기를 거의 들은 적이 없으며 밥을 잘사는 편이다.	Yes │ No
20	내 일을 사랑하며 인생에 대한 나름대로의 철학을 가지고 있다.	Yes │ No

총점: Yes 18~20개

완전한 호감형 인간이다. 사람들로부터 많은 사랑을 받는 사람으로서 주위 사람들에게 긍정적인 영향력을 전달한다. 호감을 높이기 위해 오랜 시간 동안 노력한 사람이다. 사람들이 함께하고 싶은 인간형으로 주위에 좋은 사람들로 가득하다.

총점: Yes 14~17개

일반적인 호감형 인간이라 할 수 있다. 주위 사람들에게 인기가 있으며 사회생활도 무난하게 잘하는 인간형이다. 인간관계에 큰 어려움이 없으며 직업에 상관없이 주위 사람들과 좋은 팀워크를 유지하고 있다.

총점: Yes 8~13개

중간 정도의 호감을 가진 유형이다. 사람들과의 관계에 큰 어려움은 없지만 그렇다고 주위 사람들에게 큰 사랑을 받는 유형은 아니다. 다행히 노력을 통하여 호감형 인간으로 거듭날 수 있는 조건을 가지고 있다.

총점: Yes 4~7개

호감형 인간이 되기 위해 많은 노력이 필요한 유형이다. 사람들로부터 호감을 얻기 위해 적극적인 노력을 하지 않는 유형이라고 볼 수 있다. 호감 가는 사람이 되기 위해 노력한다면 사람들과의 관계에서 좀 더 유리한 상황을 만들 수 있다.

총점: Yes 3개 이하

비호감 인간이다. 삶을 살아오면서 사람들로부터 호감을 얻기 위한 노력을 해본 적이 없다고 볼 수 있으며 인간관계의 중요성을 모르는 유형이다. 머지않은 미래에 경제적인 어려움을 겪을 가능성이 크며 나이를 먹어 가면서 외로워질 수 있다.

나의 호감도가 너무 낮게 나왔다고 실망하지 말자. 우리는 노력을 통하여 호감을 높일 수 있으며 이를 통해 행운을 끌어당길 수 있다.

LAW 06

행운도 끌어당기는 힘, 호감

《자녀를 위한 7가지 부의 법칙》을 집필할 때 세계적인 부자는 물론 주변에 가까운 부자들도 관찰했다. 반대로 큰 재산을 물려받았음에도 가산을 탕진하고 하루하루 힘들게 사는 사람도 관찰했다.

관찰 결과, 돈 때문에 힘들게 사는 사람들에게는 돈에 대한 이중성을 볼 수 있었다. 특히 언어에서 이중성을 자주 보았다. "모든 재앙의 근원은 돈이야.", "돈이 전부냐? 돈 밝히는 사람 중 행복한 사람은 없더라. 대충 살아." 등 돈에 대해 부정적이었다. 하지만 가족이 큰 병에 걸리면 병원도 가지 못하고, 자녀에게 좋은 교육환경을 제공해 주지 못하는 모습을 보았다.

반대로 자수성가 부자들은 "사업가가 당연히 돈 좋아하지.", "돈, 최대한 많이 벌고, 기부도 최대한 많이 해야지." 등 돈에 대해 솔직하다는 특징이 있다. 그리고 정직하게 돈을 번다. 일종의 자기암시 같다는 느낌이 든다. 부자들은 돈을 끌어온다고 표현한다. 즉, 사업이든 투자든 때(時)가 잘 맞아 돈을 버는 사람들이다. 그들은 돈을 좋아하고 거부하지 않는다. 그리고 돈에 대해 솔직한 언어로 표현한다.

생각이 운명을 바꾼다고 한다. 돈에 대해 어떤 생각을 하고 있는지에 따라 돈이 들어온다. 생계를 위해 돈을 번다면 딱 생계를 해결할 만큼 돈을 벌 수 있다. 돈 벌 기회가 있어도 스스로 거부하는 꼴이다.

반대로 돈을 많이 벌고 싶다고 생각하고 말하고 행동한다면 반드시 기회는 주어진다. 돈 버는 기회를 끌어당기기 때문이다. 그것을 우리는 "운이 좋았다."라고 표현한다. 부자들이 운에 대해 이야기하는 건 본인도 모르는 사이 운이 찾아 왔다고 생각하기 때문이다. 하지만 실제로는 부자 본인이 평소의 언어습관, 생각 등 부자가 될 수 있는 환경을 스스로 만든 것이다.

돈을 버는 건 운(運)의 일부다. 무병장수, 좋은 부모와 스승, 환경 등 자신에게 유리해지는 것 모두 운이다. 운은 두 종류가 있다. 하나는 행운(幸運)이다. 로또에 당첨 등 희박한 가능성에 당첨된 것이 행운이다. 또 다른 운은 주변 사람들이 도와주거나 좋은 스승을 만나는 것 등 좋은 기운(氣運)이다.

사실 행운은 불가항력적인 요소로 내가 통제할 수 없는 부분으로 어쩌다 나에게 오는 요소다. 반대로 기운은 내가 통제 가능하다. 그리고 끌어올 수 있다는 특징이 있다. 매일 운이 좋은 삶을 살고 싶다면 우리는 기운을 관리하는 방법을 알아야 한다.

운이 좋다는 것은 나를 감싸는 에너지의 흐름이 좋다는 것이다. 에너지의 흐름이 좋다는 것은 나를 둘러싸고 있는 사람들이 좋다는 것이다. 결국, 모든 운은 사람들을 통해서 이뤄진다. 좋은 운은 좋은 사람들의 좋은 에너지를 통해, 나쁜 운은 나쁜 사람들의 나쁜 에너지를 통해 일어난다.

어떤 사람들은 항상 "운이 좋다."라고 이야기하고 어떤 사람들은 항상 "운이 나쁘다."라고 이야기한다. 잘 살펴보면 운이 좋은 사람들의 주위에는 좋은 사람들이 많다. 반면 운이 나쁜 사람들은 주위에 사람이 별로 없거나 나쁜 사람들만 있다. 나는 항상 운이 좋다고 이야기한다. 다행히 주위의 좋은 사람들 덕에 힘든 고비를 잘 넘기고 행복하게 잘살고 있다. 좋은 가족, 좋은 친구와 선후배들이 있다. 좋은 직원들과 파트너들이 있으며, 좋은 팬들과 지지자들이 있다. 결국, 그들로 인해 나의 운(運)은 결정된다고 믿는다.

한 번뿐인 인생인데 운이 좋아야 하지 않겠는가. 나를 둘러싼 기운(氣運)이 좋아야 한다는 것이다. 나를 둘러싼 사람들은 좋은 사람들로 가득해야 한다. 그러기 위해서는 그 사람들이 당신을 좋아해야 한다는 것이다.

사람을 좋아하는 이유는 다양하다. 물론 돈을 주는 사람, 그리고 돈을 벌게 해주는 사람을 당연히 가장 좋아한다. 돈이 지배하는 각박한 세상이다. 그렇다면 돈 말고 현 세상에 가치 있는 것은 무엇일까? 곰곰이 생각해 봐도 답이 쉽게 나오지 않는다. 아무리 생각해 봐도 결국 사람밖에 답이 없다.

"단지 무언가를 얻을 목적으로 인맥을 쌓으면 성공하기 어렵다. 인맥이 주는 혜택은 의미 있는 활동과 관계를 투자한 결과로 따라오는 것이지 그것 자체를 추구한다고 얻을 수 있는 것이 아니다."

미국 미시간대학 웨인 베이커 교수의 말이다. 사람에게 투자해야 혜택을 얻는다는 뜻이다. 혜택을 끌어오는 건 바로 호감이다. 호감을 일으키는 행동들, 즉 따뜻한 말 한마디, 아름다운 미소, 자신감을 북돋는 멋진 칭찬, 정신을 고양해 주는 밝은 에너지, 일상의 무료함을 달래는 유쾌한 유머 등이 돈의 가치를 대신할 수 있을 뿐이다.

상대방으로부터 호감 가는 행동을 경험하면 우리는 감사함을 느낀다. 조금 과장하자면 작은 금전적인 보너스를 받을 때와 비슷한 느낌일 수 있다. 직장에서도 마찬가지이다. 사람을 동기부여하는 것이 무조건적으로 돈이라고 이야기하는 것은 거짓말이다. 회사 입장에서도 무작정 돈만 주기에는 부담될 뿐만 아니라 재정적으로 힘들어질 수 있다.

실제로 사람을 움직이는 힘은 돈 말고도 소통, 관계, 존경심, 소속감 등 사람과 직접적으로 연관되어 있다. 그래서 리더는 능력 말고도 호감이 가야 훌륭한 리더라고 할 수 있다. 참 피곤한 세상이라 할 수 있지만 현실이다. 이젠 능력뿐만 아니라 인간관계에도 신경

써야 하는 시대다.

운은 내가 가만히 있다고 스스로 오는 것이 아니다. 주위 사람들로부터 자연스럽게 끌어당기는 것이다. 그것이 바로 호감이다. 사람을 끌어당기는 힘이 바로 '좋은 감정', 호감(好感)인 것이다.

우리는 생존을 위해 업무능력을 높인다. 능력은 정말 중요하지만 현 시대에서는 절반의 성공이다. 왜냐하면, 예전과는 다르게 능력 있는 사람들이 워낙 많기 때문이다. 당신의 전문성이 독보적이라고 자만한다면 큰 오산이다. 당신을 업무적으로 대체할 사람들은 줄을 서서 기다리고 있다.

2001년 컬럼비아 대학에서 실시한 한 연구는 호감도가 높은 직원이 더 신뢰할 만하고 의욕적이고 결단력 있는 것으로 인정받으며, 그로 인해 더 빨리 승진하거나 더 많은 급여를 받는다는 연구결과를 공개했다.

미국의 대법관 안토닌 스칼리아는 그의 저서《당신의 주장을 펼쳐라, 판사를 설득하는 기술》에서 호감을 얻는 것이 얼마나 중요한지, 호감이 어떻게 신뢰로 이어지는지를 언급했다. 그는 "호감을 타고나는 사람도 있다. 하지만 그렇지 않다면 호감을 얻기 위해 노력해야 한다."라고 주장했다.

호감은 무조건 타고난다고 생각하는 것은 잘못된 생각이다. 분명 일부 타고나지만 노력으로 호감도는 엄청나게 올라갈 수 있다.

그래서 업무 능력을 높이기 위해 노력하는 것처럼 인간적인 호감을 높이기 위해서도 노력해야 한다. 명심하자. 호감은 운도 끌어당기는 당신만의 능력이다.

마지막으로 《인간관계론》 등 자기계발 분야의 고전을 집필한 데일 카네기의 '타인에게 호감을 얻는 법 6가지'로 마무리하겠다.

1. 따뜻하고 성실한 관심을 기울여라.
2. 이름을 기억하라.
3. 말하기보다 듣기를 잘 하라.
4. 마음속으로부터 칭찬하라.
5. 미소를 지어라.
6. 상대의 관심방향을 간파하라.

이미 알고 있는 사실이겠지만 당신에게 분명 좋은 기운을 만들어 줄 것이다.

PART 2

스스로에게
호감 가는 사람이 되는
짧고 사소한 기술들

LAW 07

나는 과연 호감 가는 사람일까

평범한 외모인데도 이성에게 인기 있는 사람이 있다. 이성에게 배려심도 많고, 자기관리가 철저하다는 공통점이 있지만, 가장 큰 특징은 누구보다 자신을 사랑한다는 점이다. 이 점 때문에 연애컨설턴트들은 연애를 잘하기 위해선 가장 먼저 자신과의 데이트를 하라고 조언한다.

호감 역시 마찬가지다. 다른 사람에게 호감을 받고 싶다면 스스로에게 호감을 느껴야 한다. 자신을 저주하고 원망하는데 타인이 나에게 호감을 주겠는가? 호감의 시작은 자신부터 제대로 사랑하고 자신에게 호감을 느끼는 일이다.

자신을 사랑하는 힘이 얼마나 큰 힘을 발휘하고 타인을 끌어당기는지 우리는 종종 볼 수 있다. 《지선아 사랑해》의 저자 이지선 씨는 23세의 아름다운 나이에 교통사고로 전신 화상을 입었다. 죽을 고비를 40번 넘기는 대수술과 재활수술로 다시 일어설 수 있었지만, 화상의 흉터는 지울 수 없었다. 하지만 그녀는 당당히 밖으로 나가 출간도 하고, TV에 출연해 많은 사람에게 용기를 주었다. 지금은 같은 상처를 받은 사람에게 용기를 주고 싶어 미국 UCLA대학에서 사회복지학을 전공하였고, 2023년 현재 한동대학교 상담심리사회복지학부 교수로 재직 중이다. 그녀는 〈힐링캠프〉라는 TV 프로그램에 나와 사고를 '당했다'가 아닌 사고를 '만났다'고 표현했다. 그 후 자신이 얼마나 소중하고 사랑스러운 존재인지 확인했다고 말해 많은 사람에게 용기를 주었다.

우리는 종종 얼굴에 작은 흉터만 나도 외출을 자제할 때가 있다. 이지선 씨는 자신을 사랑했기에 얼굴 흉터 역시 받아들이고 당당히 밖으로 나갔다. 자신을 정말 사랑하고 있다는 뜻이다.

자신을 사랑하는 사람은 누구보다 자신감이 넘친다. 여기서 주의할 점이 있다. '자신감(自信感)'과 '자만심(自慢心)'은 분명히 다르다. 자신감의 핵심은 자신을 사랑하는 것이고, 자만심의 핵심은 상대를 무시하는 것이다. 자신을 너무 사랑한 나머지 '하늘 위와 하늘 아래에 오직 나만이 존귀하다.'라는 자세는 인간관계에서 최악이다. 호감이 아닌 반감 또는 비호감을 일으킨다. 자신감은 자신을 사랑하는 증거이면서 다른 사람에게 매력적으로 다가온다. 지나치게 자신을 사랑해 자신에게 애착한다는 나르시시즘 역시 요즘에는 긍정적으로 받아들이는 분위기다. 자기비하나 자기혐오보다 나르시시즘이 훨씬 건강하고 긍정적이기 때문이다.

키가 작은 남자 연예인에게 본인의 매력이 무엇인지 물은 적이 있다. 그는 너무나 당당하게 말했다.

"자신감이 매력이 아닐까 싶다. 키 때문에 스트레스받고 의기소침하면 이성적으로도 매력이 없다고 본다. 여자를 올려다봐도 떳떳하게 보는 그런 자신감이 필요하다. 여자 친구에게 입을 맞추고 싶으면 뒤꿈치를 들고 입을 맞추면 된다. 큰 문제가 아니다."

그리고 정말 그는 자신보다 키 큰 여자와 연애 중이다. 나를 사랑하지 않으면 자신감이 나오지 않는다. 표현하지 않았을 뿐 분명 자신을 사랑하고 있을 것이다.

나는 항상 자신감을 가지려고 노력하였고 다행히 지금 큰 자신감을 가지고 있다. 모든 사람이 나를 좋아할 수 없지만, 나를 좋아하는 사람들은 나의 자신감을 좋아한다. 가끔 자신감의 원천을 물어오는 경우가 있을 정도로 자신감에 차 있다.

이렇게 자신감이 차 있는 이유는 우선 직업적 특성상 자신감이 있어야 한다. 강사는 무대를 이끌어가는 사람이다. 청중은 자신감 있는 강사를 좋아하고 강사에게 자신감은 필수다. 강의에서 겸손은 필요하지만 내면에는 자신감이 있어야 한다. 그리고 약간의 잘난 척은 청중들을 대리만족시켜준다.

스스로를 돌아볼 때 자신감이 차 있는 이유는 크게 두 가지다. 첫 번째는 태생적이다. 어린 시절부터 소위 말하는 '근거 없는 자신감(근자감)'이 스스로에게 가득했다. 두 번째는 자신감이 많은 일을 해결해 줄 거라 믿기 때문이다.

과거에 나는 자신감을 두 번 잃은 적이 있었다. 첫 번째는 우리 집이 가난했다는 걸 느꼈을 때였다. 집이 가난하다는 걸 몰랐을 때는 자신감이 충만했지만, 어느 순간 친구들과 비교하기 시작하며 자신감을 잃었다. 두 번째는 명예퇴직 후 사업에 실패했을 때다. 직장 다니며 패기 넘치던 자신감은 다 사라지고 내가 너무 미웠다. 거울 속 얼굴도 보기 싫을 정도로 자신감이 없었다.

이때 자신감을 살려준 건 지인의 응원이나 갑작스러운 깨달음이 아니었다. 바로 독서였다. 정확히 이야기하면 책으로 도망쳐서 다시 살아날 수 있었던 것이다. 책 속 저자들의 이야기에 집중하다 보면 잠시 나의 상황을 잊을 수 있었다. 책을 덮고 다시 나의 현실과 마주하게 되면 현실을 잊고 싶어 다시 책으로 도망갔다.

다행히 몇 개월간 책을 읽으며 자신감을 회복할 수 있었다. 책 안에서는 내 자신을 객관적인 시각으로 들여다볼 수 있었으며, 이를 통해 내가 자신감을 가질 수 있는 장점들을 알게 되었다. 또한, 세상 사람들도 겉보기와는 다르게 대부분 마음속으로는 힘들며 크게 자신감이 없다는 것을 깨달았다. 지금도 여전히 책을 많이 의지한다. 생각해 보니 지금 나에게 가족, 동료, 일 빼고 책만큼 소중한 존재는 많지 않은 것 같다.

종종 사람들이 묻는다. 어떤 철학을 가지고 교육 사업을 하는지 말이다. '사업, 강의, 출판, 상담을 통해 사람들이 자신감을 갖게 하는 일'이 내 일에 대한 신념이며, '세상에 퍼지는 긍정적 영향력'이 내 삶의 철학이다. 이렇게 당당하게 말할 수 있는 이유는 나 역시 자신감의 바닥을 경험했고, 다시 회복했으며, 그 방법을 너무 잘 알기 때문이다. 이 역시 모든 원천은 나를 사랑하기 때문이다.

차장, 부장급 직원을 대상으로 강의할 때가 있다. 대부분 40대다. 자신감에 차 있으면 좋겠지만 지쳐있음을 알 수 있다. 대한민국에서 안 힘든 연령대가 없겠지만 40대는 가족 생계, 근무 압박, 체력 변화 등으로 더욱 힘들다. 그래서 자신감이 '죽어' 있다.

자신에게 사랑한다고 표현한 지가 언제인지도 모른다는 40대 부장의 대답을 들은 적 있다. 자신도 챙기지 못하는데 타인도 챙기지 못할 거라 생각한다. 삶에 치여 사는 모습에 안타깝다. 반대로 생각하면 삶에 치여 있을 때 누구보다 자신을 사랑해야지 않을까? 힘들고, 낯간지러워도 스스로를 사랑해보자. 스스로를 사랑하면 자신감도 생기고, 주변에 사람들을 당신을 다르게 볼 것이다.

우리는 자신을 사랑함으로써 호감 가는 사람이 되어야 한다. 아이러니하게도 호감 가는 사람이 되기 위해서는 사람들에게 호감 가는 사람이 되려는 모습을 지나치게 보여줘선 안 된다. 자신감을 자연스럽게 호감으로 연결해야 한다. 다른 사람들을 너무나 의식해 잘 보이려는 태도를 버려야 한다. 나를 사랑하고 누군가에게 의지하지 않으려는 모습으로 호감을 끌고 와야 한다.

또한, 자신감은 내가 소유한 것에 비례한다는 믿음은 버려야 한다. 아무리 많은 것을 소유해도 나보다 많은 것을 소유한 사람은 즐비하다. 그 이야기는 어떤 경우든지 소유를 통해 큰 자신감을 갖는 것은 불가능하다는 말이다. 진정한 자신감은 나의 존재의 자신감이 바탕이 되어야 한다. 소유를 통한 자신감은 오래 가지 않는다. 존재의 자신감이 크지 않으면 소유는 허무할 뿐이다. 공허함이 크기 때문에 존재의 자신감이 아닌 온갖 비싼 물건들로 자신을 포장할 뿐이다.

어떻게 하면 존재의 자신감을 높일 수 있을까? 삶의 의미와 인생의 철학을 위해 진지한 고민과 공부가 있어야 한다. 그리고 이상을 가지고 미래를 위해 최선의 노력을 하는 것이다.

너무 추상적인가? 아니다. 많은 위대한 사람들이 추상적인 공부와 질문을 통해 자신감을 회복했다. 메타(구, 페이스북)의 창립자이자 CEO인 마크 저커버그도 그랬고, 타계한 애플의 창업자 스티브 잡스도 그랬다. 인문학, 철학, 미학 등을 통해 삶에 대해 진지하게 고민했고, 비즈니스에 신념을 녹여낼 수 있었다.

실례로 스타벅스의 창업자도 인문학을 통해 비즈니스 스토리를 만들어 냈다. 스타벅스의 브랜드는 소설 《모비딕》의 일등 항해사의 이름을 따 온 것이며, 스타벅스의 로고에는 전설 속에서 항해사를 유혹하는 '사이렌'이 그려져 있다. 철저하게 현실적인 비즈니스에 다소 추상적인 인문학 스토리를 담아낸 것이다. 이를 통해 스타벅스라는 브랜드에 존재의 자신감을 더 할 수 있었다.

또 다른 방법은 내가 하는 일을 사랑하는 것이며, 내가 가진 것들에 감사하는 것이다. 마지막으로 소중한 사람들과의 깊은 관계를 위해 최선을 다하는 것이다. 결국, 당신이 죽을 때 가져갈 수 있는 것은 집이나 자동차가 아니다. 당신이 가져갈 수 있는 것은 오직 삶의 철학과 인생의 성취감, 그리고 사랑하는 사람들과의 추억일 것이다. 당신이 지금 이러한 노력을 하고 있다면 존재에 대한 자신감을 더욱 가져야 한다.

자신감은 '현실'보다는 '의지'가 더 중요하다. 의식적으로 자신감을 높이면 사람들도 당신을 더욱 좋아하게 된다는 것을 잊지 말자.

호감은 곧 자신감이다.

LAW 08

호감의 첫 관문 감정기복

초등학교 선생님이 아이들을 폭행해 구속되었다는 뉴스를 본 적이 있다. 고등학생이 선생님을 폭행해 처벌받았다는 뉴스를 간혹 보았지만, 선생님이 구속되었다는 뉴스는 처음이라 관심이 갔다.

선생님은 아이들을 특별한 이유 없이 폭행했고 처벌 강도가 훈계를 넘어 폭력에 가까웠던 모양이다. 나를 더욱 놀라게 한 것은 학부모 인터뷰다. 학기 초 선생님은 아이들에게 "내가 원래 다혈질이니 너희들이 참아라."라며 경고했다고 한다. 다혈질이란 이유로 아이들에게 훈계를 넘어 폭행까지 한 것이다. 자기 감정조절에 실패해 폭력을 행사했으니 훈계라 해도 사회적으로 용서받지 못할 일이라 생각한다.

이런 폭행 사건 말고도 최근 감정기복을 이기지 못해 일어나는 범죄가 많다. 양보하지 않았다고 고속도로 중간에 차를 세워 대형 사고를 유발하거나, 기분 나쁘게 쳐다봤다고 살인도 일어난다. 목숨을 위협하는 범죄 말고도 감정조절 실패로 눈살을 찌푸리는 경우가 많다.

조금만 양보하면 될 일을 양보하지 못해 길거리 싸움으로 번지거나, 다른 사람과 상관없이 소리를 질러 피해를 준다. 혹자는 경제가 어렵고 팍팍해진 세상을 대변하는 것이라지만 경제와 자신의 감정기복을 조절 못하는 일에는 연관성이 없어 보인다. 그리고 감정기복을 조절하지 못하면 호감과는 멀어진다.

얼마 전 자신의 감정을 토해내는 게 건강에 좋다는 책을 본 적이 있다. 정신건강에는 좋을지 몰라도 인간관계에서는 사실 최악이고, 호감에서도 최악이다. 감정기복이 심해 주변 사람들이 같이 일하기 싫어지니 사람관계 운 역시 떠나고 만다.

프로젝트로 함께 일할 때 누군가 공개적으로 자신은 '욱'하는 성질이 있으니 이해해 달라고 부탁했다. 얼마나 심해 저렇게까지 미리 경고하나 싶었다. 일하는 내내 신경에 거슬렸고 누군가 반대표를 던지면 나이, 경력 등을 들먹이며 성질을 냈다. 상사라면 이해라도 하겠지만 평등한 직급으로 협업하는 프로젝트 일이라 정말 이해되지 않았다.

프로젝트가 끝나고 그는 완전히 혼자가 되었다. 실력이 뛰어나고 멋진 외모를 가지고 있어도 성격을 조절하지 못하면 최악의 인간으로 낙인찍힌다. 철저하게 비호감으로 살아가고, 그의 나쁜 평판은 평생 그를 따라다닐 것이다.

"인디언들에게 용기는 공격적인 자기 과시가 아니라 완벽한 자기 절제로 이루어진 것이다."

《인디언의 영혼》이라는 책의 일부다. 진정한 용기는 어떤 두려움, 분노, 욕망, 고통에도 자신을 내주는 법이 없다는 것이며, 모든 상황에서 자기 자신의 주인이라는 말이다. 자신의 감정도 통제 못 하는데 타인에게 호감을 살 수 없는 법이다.

최근 IQ(intelligence quotient)와는 다른 EQ(emotional quotient) 능력, 즉 감성지능(emotional intelligence)이 관심을 받고 있다. 감성지수(EQ)는 지능지수(IQ)와 대조되는 개념으로 자신의 감정을 적절히 조절, 원만한 인간관계를 구축할 수 있는 '마음의 지능지수'이다.

이는 미국의 심리학자 다니엘 골먼의 저서 《감성지능(Emotional Intelligence)》을 통해 알려지기 시작했다. 특히, 감성지수는 지능만을 검사하는 지능지수와는 달리 조직에서 상사나 동료, 부하직원들 간에 얼마나 원만한 관계를 유지하고 있으며, 개인이 팀워크에 어느 정도 공헌하는가를 평가하고 있어 기업인들의 많은 관심을 끌고 있다.

감성지능에 대해 세부적으로 살펴보면 다음과 같다.

첫째, 자신의 진정한 기분을 자각하여 이를 존중하고 진심으로 납득할 수 있는 결단을 내릴 수 있는 능력

둘째, 충동을 자제하고 불안이나 분노와 같은 스트레스의 원인이 되는 감정을 제어할 수 있는 능력

셋째, 목표 추구에 실패했을 경우에도 좌절하지 않고 자기 자신을 격려할 수 있는 능력

넷째, 타인의 감정에 공감할 수 있는 공감능력

다섯째, 집단 내에서 조화를 유지하고 다른 사람들과 서로 협력할 수 있는 사회적 능력 등을 들 수 있다.

EQ는 자신과 다른 사람의 감정을 이해하는 능력과 삶을 풍요롭게 하는 방향으로 감정을 통제할 줄 아는 능력을 의미한다. EQ가 높은 사람은 갈등 상황을 만났을 때 그 상황을 분석하고 자신의 처지를 정확하게 인식할 수 있는 능력을 갖추고 있다. 감정적 대응을 자제함과 동시에 다른 사람에 대한 공감적인 이해를 나타낸다. 결론적으로 본인의 감정을 통제할 수 있고 상대방의 감정을 이해할 수 있는 사람만이 사회적으로 경쟁력 있는 사람이라는 것이다. 결국, 감정기복의 통제를 이룬다면 경쟁력은 물론 호감도 증가한다.

감정에 휘둘리는 사람은 같이 살아가기에는 조금 피곤한 스타일이다. 이런 종류의 사람과 대화할 때는 그의 기분을 고려하고 있다는 것을 보여주어야 한다. 악의가 없다는 것을 분명히 하면 감정적으로 불쾌한 일은 생기지 않는다. 그렇게 하면 비교적 간단히 수긍한다. 속이 상하더라도 먼저 비위를 맞출 필요가 있다. 말이나 태도

로 기분을 상하게 하지 않으면 원만한 관계를 유지할 수 있다.

또한, 감정의 기복이 심한 사람은 참고 지켜보는 것도 좋은 대처법 중의 하나이다. 이런 종류의 사람은 일에 열심이고 나름대로 신념을 갖고 있으나 도가 지나쳐서 문제가 된다. 악의는 없는 사람이므로 감정이 가라앉은 다음 조용히 타이르듯 말하는 것이 좋다.

만약 당신이 감정에 휘둘리는 타입이라면 감정을 그대로 남에게 발산하는 것을 억제하여 감정조절을 하는 습관을 들여야 한다. 감정에 휘둘려 이성적인 판단을 하지 못하는 것은 어른답지 못한 태도라는 것을 명심하자.

조금 어려운 이야기일 수 있지만 호감의 관점에서 '기세(氣勢)'는 매우 중요하다. 기세란 '힘차고 기운차게 뻗는 형세'를 말한다. 즉, 사람뿐만 아니라 전체적인 상황이나 여건이 상대방에게 호감을 줘야 한다.

당신이 감정기복이 심해 미팅이나 이야기 나누는 내내 상대가 불안하다면 좋은 기세를 만들 수 없다. 상대는 불안하며 부정적인 영향만 늘어날 것이다. 상대가 불안하고 부정적인 기세와 기운(氣運)을 느낀다면 좋은 결과로 이어지기는 힘이 들게 된다. 감정기복을 잡는 방법은 다음과 같다.

1. 다름을 인정하자.

2. 감성을 누르는 단어나 문구를 기억한다.

3. 감정 자체를 놓아버린다.

4. 익숙하고 반복된 작업을 한다.

다이아몬드의 가치를 결정하는 기준에는 네 가지가 있다. 투명도, 색깔, 모양과 함께 무게가 가장 중요하다. 사람의 가치도 다이아몬드처럼 단단하고 무게감이 있을 때 존경심이 더해진다. 가벼울수록 다이아몬드의 가치가 떨어지는 것처럼 생각과 행동이 가벼운 사람은 귀한 사람으로 평가받지 못한다.

참을성이 없고 다른 사람을 배려할 줄 모르는 사람은 인격의 가치를 인정받지 못한다. 호감은 당신의 인격에 가치를 더한다. 호감을 높이기 위해서는 감정을 통제하라. 당신은 자신을 통제하지 못할 때마다 당신에게 힘이 되어 줄 좋은 사람들이 당신 곁을 떠난다는 사실을 기억해야 한다.

LAW 09

자신을 꾸미는 호감의 기술

1960년 9월 미국 역사상 최초로 대통령 후보 토론이 TV로 생중계되었다. 닉슨 후보와 케네디 후보 간의 경쟁으로 닉슨 후보가 압도적인 지지를 받고 있었다. 닉슨 후보는 이미 유창한 스피치 실력으로 라디오에서는 스타로 인정받고 있었다. 반대로 케네디는 연기자 출신이라는 점과 젊다는 점을 빼고는 특별히 알려진 것이 없었다.

시간이 흘러 TV 토론 몇 시간을 앞두고 둘의 행동은 극명하게 달랐다. 닉슨은 정책과 공약을 달달 외우며 스트레스를 받았다. 결국, 장염까지 앓게 되자 인상을 쓰게 됐다. 반대로 케네디는 건물 옥상에 올라서 선탠을 하고 있었다. 살짝 탄 얼굴을 만들고 여유 있는 표정과 제스처를 연습했다.

두 후보 간 토론이 시작되었다. 닉슨의 스피치는 유창했지만 표정은 불만이 가득했고, 케네디는 건강하고 여유 있는 모습으로 유권자에게 나가갔다. 이성적으로 본다면 닉슨의 정책과 공약은 합리적이지만, 감성적으로 케네디가 압승했다. TV 토론회가 끝나고 지지율은 완전히 뒤집혔고 미국은 젊은 대통령 케네디를 탄생시켰다.

외적 매력이 강력하게 대중의 호감을 자극한 역사적인 스토리이다. 외모의 경쟁력을 강조한다고 해서 연예인 같은 외모로 꾸미라는 뜻이 아니라, 본연의 외적 매력을 극대화하라는 뜻이다. 만약 닉슨이 가지고 있는 자신만의 외모 호감에 집중했다면 결과는 달라졌을 것이다. 자신만의 매력으로 자신을 꾸민다면 연예인급 외모가 아니더라도 호감을 산다는 뜻이다. 그래서 내 자신에게 자주 말한다.

"가진 것이라도 아름답게 잘 간직하자."

같은 남자가 봐도 매우 매력적인 외모를 소유한 지인이 있다. 문제는 관리를 하지 않는다는 점이다. 머리도 덥수룩하고 옷도 어둡게 입는다. 볼 때마다 구두에는 먼지가 쌓여있다. 꾸미면 정말 인기가 많을 텐데 본인은 "자연스러운 게 좋지 않나?" 되묻는다.

자연스러움보다 배려가 없는 게 아닐까 생각한다. 분야가 달라 지인과 같이 일할 기회는 없지만, 같이 일한다면 왠지 믿음이 가지 않을 것 같다. 자신도 관리하지 못하는데 어떻게 남의 일을 관리할지 걱정되기 때문이다.

나 역시도 그렇게 자랑할 만한 외모는 아니어서 할 말은 없지만 외모를 가꾸기 위해 무척 노력한다. 그래도 50대의 나이지만 동안

이라는 소리를 많이 듣는다. 우선 살이 찌지 않기 위해 노력하고 피부에 신경을 쓰는 편이다. 살찌는 것이 두려워 많이 먹지 않기 위해 많이 참고 산다. 조금만 살쪄도 나이 들어 보이고 자기관리에 소홀해 보이기 때문이다. 그러면 강사로서 전문가다운 느낌을 주지 못하게 된다.

강사로서 청중들에게 자기관리가 생존을 위해 가장 중요하다는 것을 강조하면서 정작 본인은 체중 관리가 되지 않는다면 청중들은 속으로 그냥 웃기만 할 것이다. 속으로 '강사님, 거울 안 보세요. 본인이나 신경 쓰세요.'라고 생각할 것이다.

요즘은 글을 쓰는 작가들도 언론에 자주 노출된다. 작가 인터뷰를 경험한 많은 기자의 공통된 이야기가 정말 아름다운 글을 읽고 기대감에 작가들을 만났을 때 대체로 큰 실망감을 겪는다는 것이다. 아름다운 글에 비해 작가의 외적 매력은 너무나 볼품없다는 것이다. 피곤한 이야기이다. 어두컴컴한 방구석에서 대충 입고 글만 쓰는 시대도 끝인 것이다. 글도 피부 관리하며 잘 차려 입고 써야 대중도 좋아하는 시대이다.

나 역시 대중 앞에 설 때 옷차림에 신경을 많이 쓰고, 얼마 전부터는 BB크림도 사용하고 있다. 처음에는 남자로서 나름 큰 용기가 필요했지만, 적은 노력으로 젊고 생기 있는 이미지를 만드는 데 큰 효과가 있어 지금은 거의 매일 사용한다.

어느 정도 나이가 들면 대부분 살이 찐다. 그래서 누군가 조금만 체형 관리만 하면 그 자체로 예쁘고 멋있게 보인다. 우선 옷이 잘 받는다. 내가 얼마 전 3kg 빼고 정말 크게 느꼈다. 뭘 입어도 참 태가 난다. 물론 자기만족이니 나의 외모에 큰 기대하지 말기 바란다. 난 절대 외모로 승부하는 강사가 아니다. 아무튼 일정 체중을 유지하기가 힘들지만 외모가 주는 호감을 알기에 참는다.

우리 회사 강사들에게 살 좀 빼라고 자주 잔소리한다. 입만 아프다. 강사들은 중요성에 비해 그렇게 노력하지 않는다. "내용이 좋으면 되지 않나?"라는 말도 되지 않는 이야기를 서슴지 않고 하기도 한다. 난 "내용 좋은 강사들 발에 차일 정도로 많다."라고 반박한다. '보기 좋은 떡이 먹기도 좋다.'라는 옛말은 정말 맞는 이야기이다. 연기 잘하는 사람들 정말 많지만 영화 속 주인공은 호감 가는 예쁘고 잘생긴 사람들이 차지한다.

철학자 칸트는 이야기했다.

"형식 없는 내용은 맹목이고, 내용 없는 형식은 공허하다."

전적으로 지지한다. 물론 내용은 정말 중요하다. 사람으로 비유하자면 그 사람의 인간성과 지성 등 인간의 내면의 모습은 정말 중요하다. 하지만 우리는 그것을 알기 위해서는 오랫동안 시간을 함께 해야 한다.

인간은 어쩔 수 없다. 본능적으로 형식, 곧 외적인 것들을 보고 그 사람을 판단한다. 외모지상주의를 옹호하는 말이 아니다. 형식이 갖춰지지 않으면 내용은 왜곡될 수 있다는 것이다. 인간성과 지성을 강조하기 전에 살을 빼고 피부 관리를 하자. 그리고 가능한 한 잘 차려입고 다니자. 어쩔 수 없다. 나의 가치는 나를 둘러싸고 있는 타인들이 평가하는 것이다. 외모 때문에 나의 진짜 능력들을 제대로 평가받지 못하는 것은 사실 억울한 일이다.

하지만 우리 역시 청결하고 자신을 잘 꾸미는 사람에게 호감 가는 것도 사실이다. 누군가를 만났을 때 와이셔츠에 어제 먹은 김칫국 자국이 있다고 생각해 보자. 당연히 호감은 떨어진다. 같은 관점에서 자신의 매력을 극대화하고 철저한 자기관리를 한다면 호감을 느낀다. 호감을 느낀다면 같이 일하고 싶어진다.

호감과 외모는 비례한다. 또한, 호감과 일거리도 비례한다. 외모를 꾸미고 자신의 매력을 극대화한다면 여기저기서 찾는 사람이 될 수 있다.

LAW 10

호감의 전제조건

일본 소설가 무라카미 하루키는 일본은 물론 한국에서도 큰 사랑을 받고 있다. 《IQ84》, 《상실의 시대》, 《노르웨이의 숲》 등 인기작을 펴내며 왕성하게 활동 중이다. 그는 일흔이 넘은 나이지만 무척 젊어 보인다. 얼굴뿐만 아니라 체형도 그렇고 생각도 그렇다. 글에서 전혀 나이가 느껴지지 않기 때문이다.

한 기자가 그에게 젊어 보이는 이유를 묻자 이렇게 답했다. "세 가지 때문입니다. 첫째, 회사에 출근하지 않습니다. 둘째, 넥타이를 매지 않습니다. 셋째, 상사가 없습니다."

한 마디로 자유영혼이기 때문이다. 회사를 안 다니면 정말 덜 늙는다. 회사에 다니면 비건설적인 스트레스를 많이 받기 때문이다. 이것이 분명 직장인들을 빨리 늙게 만든다. 또한, 무라카미 하루키는 달리기 광이다. 취미 수준을 넘어서 33세 이후 수십 년 동안 매년 마라톤대회에 참가했다. 건강을 통해 그는 외모뿐만 아니라 생각에서도 호감을 유지하고 있는 것이다.

"머리는 빌릴 수 있어도 건강은 빌릴 수 없다."

우리가 아는 한 대통령의 말이다. 그도 역시 건강의 중요성을 잘 알기에 새벽 조깅으로 하루를 열었다. 과거 어른들이 '천하를 잃어도 건강만 있다면 다시 찾을 수 있다.'라고 강조했던 말이 기억난다. 그만큼 건강은 모든 것의 근본이다. 호감에서도 건강은 절대적인 존재다.

《일생에 한번은 고수를 만나라》의 저자이며 경영컨설턴트로 활약하고 있는 한근태 한스컨설팅 대표는 강의에서 딱 세 가지만 있다면 컨설턴트로 성공할 수 있다고 강조한다.

첫째, 책읽기

둘째, 글쓰기

셋째, 운동

한근태 대표는 중요한 미팅이 있기 4시간 전쯤 꼭 땀 흘리는 운동을 한다. 땀을 흘리고 나면 우선 개운해서 기분이 상승하고 밝은 얼굴로 고객을 만날 수 있기 때문이다. 기분이 좋으니 미팅 역시 좋은 분위기로 흘러간다고 한다. 고객 역시 당당한 그의 모습에 기꺼이 계약한다고 설명한다. 운동으로 건강과 호감을 동시에 챙기는 현명함이다.

건강의 중요성을 새삼 느끼는 상황이 늘어났다. 세월의 무게라고 생각된다. 얼마 전에는 정말 참기 힘들어 링거를 맞고 강의했다. 효과가 있어서 자꾸 링거에 의지할까 봐 두렵다. 며칠만 강의를 쉬어도 얼굴색이 좋고 생기가 오른다. 가끔 쉬지 못할 때는 강의 자체를 운동으로 생각한다. 그래도 운동을 하면 건강해지고 있음을 느낀다. 얼굴색이 좋고 표정이 밝으니 호감이 올라간다.

또 다른 건강유지법은 많이 먹지 않고 좋은 것을 먹으려고 노력하는 것이다. 그래서 술자리를 자주 갖지 않으려고 노력한다. 이외에 물을 자주 마신다. 하루 2리터를 마시기 위해 노력한다. 이 점은 자랑하고 싶은 나의 강점 중 하나이다.

그리고 잠을 푹 자기 위해 노력한다. 이것 또한 내가 꾸준히 잘 지키고 있는 것이다. 육체적인 피로뿐만 아니라 정신적인 피로 해소에도 큰 도움이 된다. 하루 거의 8시간 정도 자기 위해 노력한다. 아침 컨디션을 좋게 만들기 위해 평생 밤 12시 정도에 잠을 청하던 습관을 11시 이전에 잠드는 습관으로 바꿨다. 정말 스스로 독하다는 생각이 들긴 하지만 정말 이 일을 더 잘하고 싶은 간절함이 나를 이렇게 만들었다. 하지만 사업이 커가면서 예전과 다르게 요즘 자주 꿈을 꿔서 덜 개운하긴 하다.

내가 잠에 신경을 쓰게 된 것은 내가 사랑하는 철학자 니체 덕분이다. 예전에는 잠을 아꼈다. 그래서인지 외부 스트레스에 많이 취약했다. 그런데 책을 통해 니체가 잠이나 푹 자라고 이야기해 줬다. 그 후 잠을 더욱 푹 자려고 노력했더니 많은 문제가 해결되고 있다는 것을 느꼈다.

다행히 나는 잠을 잘 자는 편인데 주위의 많은 사람이 잠을 잘 못 이루는 어려움을 호소하곤 한다. 잠을 잘 자지 못하는 경우를 잘 살펴보면 걱정 많은 성격 때문이기도 하다. 밤새 걱정하느라 잠에 못 드는 경우가 많다. 하지만 습관도 정말 중요하다. 잠을 푹 자는 습관은 훈련으로 기를 수 있다.

잠을 잘 자도록 노력하면 큰 에너지와 활기를 얻을 수 있다. 내가 좋아하는 사람의 특징은 에너지가 강하고 밝다. 태양 가득한 양(陽)의 에너지가 가득한 사람이다. 태양은 에너지의 근원이다. 끊임없이 에너지를 내뿜는다. 태양이 없으면 인간은 죽는다. 하지만 에너지가 항상 저하되어 있고 부정적이며 어두운 사람들은 주위 에너지를 잡아먹는다. 본인은 에너지를 빨아들이기 때문에 생기가 돋지만 다른 사람은 지친다.

나는 좋은 에너지를 가지고 있다. 그래서 사람들이 좋아한다. 하지만 나의 에너지도 한정되어 있어서 에너지가 저하되어 있을 때는 에너지 충전을 위해 휴식을 택한다. 건강은 호감의 기본이다.

밝고 건강한 에너지는 좋은 사람들뿐만 아니라 분명 행운을 끌어당긴다. 호감 가는 당신을 위해 주위 사람들은 다양한 기회를 선사한다. 그 원천은 건강이다. 모든 걸 가져도 건강을 잃으면 끝이다. 호감을 얻기 전 당신의 건강부터 점검하자.

LAW 11

절대절명의 위기를 호감으로 바꾸는 법

"생활 화학제품 제조, 수입업체 전수조사를…."

"조현병(구, 정신분열병)환자 입원 현황에 대해 전수조사할……."

"공기업 안전 관련 업무 용역업체 현황을 전수조사……."

언론에 자주 등장하는 용어 중 하나가 '전수조사'다. 일부분만 뽑아서 조사하는 표본조사보다 예외 없이 모두 조사하는 전수조사가 신뢰 있어 보이지만, 우리나라 전체가 서로를 신뢰하지 않고 있다는 증거이기도 하다.

한국보건사회연구소에서 청소년을 대상으로 한국 사회 신뢰에 관한 조사를 했다. 청소년 10명 중 8명이 '다른 사람을 신뢰할 수 없다'라고 답했고, 한국행정연구원도 국민 10명 중 7명이 '한국의 경제·사회적 분배구조는 공정하지 않다'라고 여긴다는 등 불신사회 문제의 심각성을 보여주는 조사 결과를 공개했다. 우리 사회는 갈수록 저신뢰 사회로 흐르고 있다. 이런 분위기를 반영하듯 어떤 곳에서 문제가 터지면 전수조사 이야기가 자동으로 나온다.

천재적인 두뇌와 자폐스펙트럼 장애를 동시에 가진 신입 변호사 우영우의 대형 로펌 생존기를 다룬 인기 드라마 〈이상한 변호사 우영우〉가 있다. 자폐스펙트럼 장애를 가지고 있음에도 매번 일등을 하는 우영우를 직장 동료인 권민우는 자신보다 강자라고 생각하며 견제한다. 하지만 또 다른 직장 동료 최수연은 그녀에게 밀려 뒤쳐지면서도 외면하지 못하고 도와주는 모습을 보인다. 남들에게 착한 척 한다는 소리를 들어도, 우영우를 돕다가 자신의 성적이 떨어져도 말이다. 특히 우영우는 소근육 사용에 미숙하여 병뚜껑 따기를 힘들어했는데, 최수연은 처음부터 도와주는 게 아니라 지켜보다가 실패하면 도와주는 등 수준 높은 배려를 베푼다. 우영우는 먼저 밥을 먹었는지 물어봐주지도 않고, 하나뿐인 친구가 동그라미라고 말하며 서운하게 했지만 최수연은 항상 우영우를 먼저 보호해줬다. 그런 최수연에게 우영우는 말한다.

“너는 봄날의 햇살 같아. 로스쿨 다닐 때부터 그렇게 생각했어. 너는 나한테 강의실의 위치와 휴강 정보와 바뀐 시간표를 알려주고, 동기들이 나를 놀리거나 속이거나 따돌리지 못하게 노력해. 지금도 너는 내 물병을 열어주고, 다음에 구내식당에 또 김밥이 나오면 나한테 알려주겠다고 해. 너는 밝고 따뜻하고 착하고 다정한 사람이야. 봄날의 햇살, 최수연이야.”

우영우의 말을 들은 최수연은 울먹이며 큰 감동을 받는다. 자신이 로스쿨 시절 뒤에서 애썼던 사실을 모르고 있을 줄 알았는데 다 알고 있었기 때문이었다. 이 장면을 본 시청자들은 그들의 우정과 믿음에 열광하며, 이 드라마에서 가장 기억에 남는 장면이라고 호평을 쏟아냈다. 씁쓸하지만 현실에서는 최수연 같은 사람보다 권민우 같은 사람이 더 많기 때문이다.

이런 예시를 보면 현실에서 일어나기 힘든 일이기에 드라마로 볼 수 있는 것 같다. 인간관계로 피곤할 때 이런 전개들이 부러울 때가 있다. 돌아보면 우영우와 최수연은 서로가 서로에게 큰 호감을 느낀 것이다. 호감을 느꼈기에 이익은 물론 불편함을 감수하면서까지 서로를 진심으로 대할 수 있었다. 호감이 없었다면 이런 전개는 불가능하다.

사람관계의 시작은 호감이다. 호감을 느낀다면 끊임없는 증명과 거기에 발생하는 비용과 피로 누적을 막을 수 있다고 생각한다. 필자가 호감을 강의하는 이유 중 하나가 신뢰사회에 관한 화두를 던지고 싶어서다.

우리는 북유럽식 복지사회를 꿈꾸지만 거기에 따른 증세 뉴스가 나오면 반대가 정말 심하다. 증세 자체에 대한 부정적 인식보다 정부에 호감을 느끼지 못해서다. 국민이 정부에 호감을 느끼고 신뢰한다면 증세에 대한 사회적 합의를 이끌어낼 수 있었을 것이다.

하지만 역대 정부는 국민에게 호감을 주지 못했다. 각종 부정부패, 권력층 비리, 의혹에 대한 불분명한 해명 등 비호감만 심어주었다. 차기 리더가 해야 할 일은 정부에 대한 국민적 호감을 끌어올리는 것 아닐까 생각한다.

그 방법은 실제로는 간단하다. 일반적으로 알고 있는 호감 올리는 법을 지키면 된다. 약속 잘 지키고, 국민을 배려하며, 진솔하면 된다. 국민에게 호감을 사는 정부로 변화하길 국민 한 사람으로서 빌어본다. 그리고 호감이 무너진 인간성을 회복하는데 하나의 대안이 될 거라 말하고 싶다.

마술사 최현우는 세련된 이미지와 무대매너를 갖춘 세계적인 마술사다. 2015년 11월 마술공연을 앞두고 리허설까지 문제가 없었던 조명이 켜지지 않았다. 예상치 못했던 사고였다. 연말이라 가족 단위로 구경 온 관객들은 시간이 되어도 입장을 못하자 화가 났다. 안내원들이 쩔쩔매는 상황에서 잠시 후 방송으로 최현우 목소리가 들려왔다.

"안녕하세요. 최현우입니다. 로비에서 기다려주시는 관객 여러분 대단히 죄송합니다. 기계 이상으로 객석 입장이 지연되고 있습니다. 조금만 더 기다려주시기 바랍니다. 대단히 죄송합니다."

관람 시간이 지나고 관객들의 항의가 이어질 때쯤 다시 방송이 들려왔다.

"마술사 최현우입니다. 저는 지금 로비 5번 게이트 앞에 나와 있습니다."

사람들은 5번 게이트로 몰려갔다. 공연의상을 입은 최현우는 정중히 인사하고 입을 열었다.

"객석을 비추는 조명에 전력이 들어가지 않습니다. 해결해 보려고 계속 시도했으나 전기가 들어가지 않아 불가피하게 공연을 취소하게 되었습니다. 대단히 죄송합니다. 저도 이런 경우는 처음이라 너무 당황스럽습니다."

사과에 이어 보상방법을 설명했다.

"보상방법을 합의하느라 시간이 조금 걸렸습니다. 기다리게 해 죄송합니다."라며 "100% 환불+다른 날 초대, 또는 110% 환불"이라는 보상방법을 제시했다. 주차 역시 이날 티켓을 보여주면 그냥 나갈 수 있도록 조치했다고 덧붙였다. 진심 어린 사과 후 자신의 키가 작다고 테이블 위로 올라가 90도로 허리를 숙이며 사과하고, 담당 직원들도 나와 진심 어린 사과와 보상방법에 대해 이야기했다.

연말 저녁을 망친 관객들은 최현우와 주최 측 태도에 불만을 잠재우고 집에 돌아가거나 최현우와 사진을 찍는 등 차분하게 흘러갔다. 다음날 주최 측에서 일일이 전화 걸어 보상방법을 협의하며 공연장 조명사고는 수습되었다.

공연 취소라는 엄청난 일이 일어났지만 최현우와 주최 측의 진심 어린 사과와 수습 태도로 한 건의 불만 전화도 없었다고 한다. 이후 최현우의 호감은 더욱 올라가고 공연 취소라는 사고는 미담

(美談)으로 전해졌다.

문제없는 삶은 없다. 잘났건 못났건, 많이 배웠든 배우지 못했든 누구나 문제를 안고 살아간다. 중요한 건 문제를 대하는 태도다. 태도에 따라 호감이 결정된다. 조명사고는 예상치 못한 문제다. 하지만 문제에 대한 태도는 결정할 수 있다. 최현우가 형식적인 사과나 모호한 보상을 내놓았다면 그의 평판이나 신뢰는 떨어졌을 것이다.

하지만 진심을 바탕으로 한 태도로 그의 호감은 상승했다. 또한 '호갱님'이라 불릴 정도로 소비자 기만이 많은 사회에 신뢰가 무엇인지 보여주었다. 참고로 '호갱님'이란 '어리숙해서 이용하기 좋은 손님'이라는 뜻이다.

우리 사회가 의도했든 의도하지 않았든 서로의 호감을 사기 위해 기본적인 태도를 유지한다면 무너지고 있는 인간성이 회복되지 않을까 하는 조심스러운 주장을 내놓고 싶다. 전수조사 없이 서로를 믿고 〈이상한 변호사 우영우〉에 나오는 것처럼 조금 단순하지만 호감에 따라 상대를 신뢰하는 사회가 되길 희망한다.

LAW 12

내향적인 사람이 호감형이 되는 방법

"내향적인 사람도 호감형이 될 수 있을까?"라는 질문에 대한 나의 대답은 "당연히 될 수 있다."이다. 그렇다면 "내향적인 성향의 사람이 외향적인 성향의 사람으로 바뀔 수 있을까?"라는 질문에는 "대체로 그렇지 않다."라는 것이 나의 대답이다.

학자들의 연구에 근거하면 그리고 나의 경험을 토대로 말하자면 천성(天性), 즉 타고난 성품은 잘 바뀌지 않는다는 것이다. 많은 기혼자가 이미 아는 사실이지만 배우자를 아무리 바꾸려 노력해 보지만 바뀔 기미조차 보이지 않는다. 나도 아내와 20년 이상을 함께 살았지만 아내의 마음에 들지 않지만 결코 바뀌지 않는 성격을 더 이상 바꾸려 하지 않는다. 물론 아내도 나에 대해 똑같은 생각을 가지고 있을 것이다.

결국, 내향적인 사람이 갑자기 외향적인 사람이 되기는 불가능하다. 마찬가지로 외향적인 사람이 내향적인 사람이 되는 것도 불가능하다. 스티브 잡스가 아무리 사교기술을 갈고 닦는다고 해도 오바마가 될 수 없고, 오바마가 혼자 컴퓨터를 아무리 많이 한다고 해도 스티브 잡스가 될 수 없는 것과 같다.

사람들에게 호감형 인간의 특징을 이야기할 때 가장 많이 나오는 답이 외향적이라는 것이다. 회사 채용 때문에 많은 자기소개서를 받아 보았는데 본인이 지독하게 내향적이라고 쓴 사람은 한 명도 보지 못했다. 대부분 본인이 외향적이기 때문에 인간관계가 좋고 팀워크가 좋다고 표현한다. 그렇다면 외향적인 사람이 호감형이고 내향적인 사람은 호감형이 아니라는 것인가? 정말 잘못된 생각이다. 그 누구도 절대적으로 외향적인 사람은 존재하지 않고 절대적으로 내향적이기만 한 사람은 존재하지 않는다.

우선 내가 내향적인가 외향적인가에 대한 자기진단법을 소개하겠다. 수잔 케인의 《콰이어트》라는 책에서 발췌했다. 질문에 대해 'Yes'가 더 많다면 내향적일 가능성이 높고, 'No'가 더 많다면 외향적일 가능성이 높다고 할 수 있다.

1	나는 단체 활동보다는 일대일 대화가 좋다.	Yes | No
2	나는 글로 자신을 표현하는 게 좋을 때가 많다.	Yes | No
3	나는 혼자 있는 게 좋다.	Yes | No
4	나는 동년배들보다 부나 명예나 지위에 덜 신경 쓰는 것 같다.	Yes | No
5	나는 잡담은 싫어하지만 내게 중요한 문제를 깊이 논의하는 것은 좋아한다.	Yes | No
6	사람들이 나에게 "잘 들어준다."라고 말한다.	Yes | No

7	나는 위험을 무릅쓰는 일은 그다지 좋아하지 않는다.	Yes | No
8	나는 방해받지 않고 깊이 몰두할 수 있는 일을 즐긴다.	Yes | No
9	나는 생일에 친한 친구 한두 명이나 가족과 소박하게 지내는 게 좋다.	Yes | No
10	사람들이 나에게 "상냥하다."거나 "온화하다."라고 한다.	Yes | No
11	나는 일이 끝날 때까지는 사람들에게 내 작업을 보여주거나 그것을 논의하고 싶지 않다.	Yes | No
12	나는 갈등을 싫어한다.	Yes | No
13	나는 스스로 최선을 다해 일한다.	Yes | No
14	나는 먼저 생각하고 말하는 편이다.	Yes | No
15	나는 밖에 나가 돌아다니고 나면, 즐거운 시간을 보냈더라도 기운이 빠진다.	Yes | No
16	나는 전화를 받지 않고 음성사서함으로 넘어가게 내버려 둘 때가 종종 있다.	Yes | No
17	꼭 선택해야 한다면, 나는 일정이 꽉 찬 주말보다는 전혀 할 일이 없는 주말을 선택하겠다.	Yes | No
18	나는 한꺼번에 여러 가지를 하는 걸 좋아하지 않는다.	Yes | No
19	나는 쉽게 집중할 수 있다.	Yes | No
20	수업을 들을 때는 토론식 세미나보다는 강의가 좋다.	Yes | No

위의 질문지를 통해 평가해 보면 기업 강사로서 수많은 사람과 시간을 함께 해야 하는 나 역시도 그렇게 외향적이지만은 않다. 그렇게 내향적이도 않고 외향적이도 않은 양향적인 인간이다. 책을 읽고 쓰는 것을 좋아하는 것이나 혼자 있을 때 에너지가 충전되는 것을 봐도 알 수 있다. 아무튼 다시 한번 강조하지만 본인을 극단적으로 외향적이거나 내향적이라고 평가할 필요는 없을 것 같다. 단지 어느 성향이 좀 더 강할 뿐인 것이다.

아무튼 세상은 외향성을 사회적인 호감도를 높이는 능력으로 치켜세우며 내향성에 비해 높은 가치를 두는 듯하다. 하지만 현실은 꼭 그렇지만은 않다. 장점과 특성이 다르기 때문이다. 외향적인 사람들은 경영 부분에서 리더가 되는 경우가 많지만, 내향적인 사람들은 학문적이거나 미적인 부분에서 리더가 되는 경우가 많다. 과학적이고 예술적인 기법을 새로 개발한다든지 새로운 철학을 통해 사람들에게 영감을 주는 책을 집필하는 사람들은 조용한 환경을 선호하는 내향적인 사람이 다수이다.

인간은 외향적인 사람이 많을까, 내향적인 사람이 많을까? 인류학자들은 아시아와 아프리카 사람들은 내향적인 특성이 크고, 유럽과 아메리카 사람들은 외향적인 특성이 크다고 한다. 유럽과 아메리카는 대부분 이주민의 후손이었기 때문이라는 논리이다. 여행하던 사람들이 집에 머무르던 사람들보다 외향적이며 그래서 그러한 특성을 후손들에게 물려주었다는 논리이다.

이 논리에 대해서는 상당 부분 동의한다. 외국계 회사에 오래 근무하며 외국인들과 생활을 많이 해 보았지만 유럽인과 미국인들은 나의 경험상 가끔은 불편할 정도로 동양인에 비해 외향적이다. 강의 때도 한국인 교육생들에게 질문을 해보면 성격이 외향적이라고 생각하는 사람들보다는 내향적이라고 생각하는 사람들이 항상 더 많았다.

표면상으로는 외향적인 사람이 워낙 사람들을 좋아하고 대체로 에너지를 많이 발산하기 때문에 인간관계에는 유리한 점이 있는 듯 보인다. 그렇다고 외향적인 사람이 항상 호감형이 아닌 것은 분명하다. 너무 시끄러워 불편을 주기도 하며 말이 너무 많아서 다른 사람들을 힘들게 하기도 한다. 외향성이 너무 짙은 사람과 오랜 시간을 함께하면 조금 피곤해진다는 것이 나 혼자만의 경험은 아닐 것이다.

어떻게 하면 내향적인 사람이 호감도를 극대화할 수 있을까? 우선 '내향적이기 때문에 나는 사람들에게 인기가 없을 거야.'라는 생각부터 버려야 한다. 내향적이고 거기다가 무척 조용하지만 사람에게 인기가 많은 사람을 많이 봐왔기 때문이다.

우선 내향적인 사람의 장점은 대체로 좀 더 섬세한 점이 있기 때문에 일에 대해 전문적일 가능성이 높다. 전문성은 사람에 대한 호감을 높이는 가장 중요한 요소라는 점은 잊지 말았으면 한다. 사람은 좋고 유쾌하지만 본인의 일에 전문성 없이 '빈 수레만 요란한 사람'을 무조건적으로 좋아하는 사람은 없기 때문이다.

힘들겠지만 내향적인 사람들이 한 가지 노력할 점은 분명히 있다. 아무리 내향적이어도 천성을 바꿔 갑자기 외향적일 수는 없지만 가끔은 사교적일 필요가 있다는 것이다. 물론 혼자 있을 때 에너지가 충전되는 성향이라는 점을 알고 있지만 결국 인간들과 함께 살아가야 하는 삶의 본질을 거스를 수는 없다.

호감을 높이기 위해서는 가끔은 내향적이지만 사교적이라는 반전매력을 보일 필요가 있을 것이다. 꼭 외향적인 사람만이 사교적인 것은 아니다. 내향적인 사람들도 충분히 사교적일 수 있다. 사교성이라는 것이 무조건 재미있고 유쾌하고 말을 잘해야 한다는 것을 의미하지는 않는다. 교양 있으면서도 말을 잘 들어주고 칭찬을 할 줄도 알고 사람들에 대해 배려심이 있다면 그 자체로도 높은 수준의 사교성이라고 할 수 있다.

당신이 현재 가지고 있는 전문성을 높이고 경청, 칭찬, 공감 등의 몇 가지 사교적인 기술들을 익힐 수만 있다면 당신은 그 누구보다도 호감형 인간이 될 수 있다.

PART 3

호감형 인간의 10가지 스타일

LAW 13

우리는 모두 자신만의 호감 스타일을 갖고 있다

우리는 각자 다른 호감 스타일을 갖고 있다. 자신만의 호감 스타일을 찾아 개발한다면 많은 사람의 운을 끌어당길 수 있다. 하지만 사회는 각자 가지고 있는 호감 스타일보다 획일적으로 보편화된 호감 스타일을 강조한다. 24시간 미디어에 노출되고 있어서인지 미디어를 보고 그들의 호감 스타일을 따라 한다. 미디어를 따라 한 호감 스타일이 자신에 맞는다면 좋겠지만 대부분은 어색하다. 또한, 각자만의 호감 스타일이 있다는 사실을 알려주는 사람은 드물다. 그래서 더욱 획일적인 호감 스타일로 가는 것 같다.

'산소 같은 여자'라는 수식이 있는 배우 이영애. 지금 40~50대 남자라면 이영애에 대한 로망 하나쯤 있을 정도로 그녀는 많은 사람에게 호감을 받고 있다. 이영애의 가장 큰 매력은 수수하면서도 무언가 잡힐 듯 안 잡히는 신비감이 아닐까 생각한다. 이영애 역시 자신의 호감 스타일을 파악해 꾸준히 밀고 나가 지금과 같은 인기

배우가 된 사람이다.

이영애를 다룬 프로그램에서 고백하길 그녀가 처음부터 자기 호감 스타일을 찾은 건 아니었다고 한다. 오래된 TV 프로그램인 〈토요일 토요일은 즐거워〉에서 검은색 롱 드레스를 입고 댄스그룹 룰라의 '날개 잃은 천사' 안무인 엉덩이춤을 추었다. 이영애 역시 시대가 요구했던 모습으로 등장한 것이다. 하지만 왠지 모르게 어색했다. 지금 그녀의 이미지와 맞지 않는 모습이었다.

그 후 이영애는 연예프로그램에 등장하지 않고 영화와 드라마에 집중하였다. 주로 맡은 배역도 역시 수수하면서 신비한 역할이었다. 시간이 흘러 자신의 호감 스타일로 꾸준히 TV에 등장하자 '산소 같은 여자'라는 타이틀로 활동할 수 있었다. 이영애가 자신의 호감 스타일을 찾기보다 시대가 요구했던 유쾌한 스타일로 계속 TV에 나왔다면 지금의 그녀는 존재하지 않을 것으로 생각된다.

우리 역시 이영애처럼 자기가 가지고 있는 호감 스타일을 파악하고 꾸준히 밀고 나가는 것이 중요하다는 것을 막연하게 알고 있는 듯하다.

나 역시 각기 다른 호감 스타일을 찾는 법에 대해 고심했다. 그러다가 사람에게 10가지 호감 스타일이 존재한다는 사실을 발견했다. 이 10가지 유형이 100퍼센트 정답은 아니지만 나 자신의 호감을 파악하는 데 큰 도움이 될 것이다. 물론 사람마다 몇 가지 유형이 뒤섞여 있는 경우도 존재할 것이다. 10가지 유형 중 자신을 대표

하는 유형을 찾아 그것을 개발하고 나만의 호감력을 극대화한다면 운은 물론 유능한 사람을 끌어당길 수 있다고 생각한다.

종종 꼭 유형을 나누고 개발해야 하는지를 묻는 사람이 있다. 나의 대답은 단호하다. 호감도 개발하고 노력해야 한다. 무료하고 따분하게만 느껴지는 삶 속에서 다소의 연기와 과장 또는 허세를 더한다면 호감을 높이기도 한다.

요즘 유행하는 '퍼스널 컬러 이미지' 수업에서처럼 당신도 본인의 이미지를 메이킹하여 호감을 높일 필요가 있다. 그 시작이 바로 자신의 호감 스타일 유형을 파악하는 일이다.

LAW 14

누구도 못하는 추진력에 끌린다

1. 리더형 호감

리더는 사람들로부터 호감을 얻어야 생존할 수 있는 직업이다. 사람이 따르지 않는데 리더라 할 수 없다. 리더형 호감은 사람을 끌어들이고 이끄는 힘에 호감을 느끼는 것이다. 만약 당신의 리더십이 타고난 것이라면 여러 가지로 유리한 점이 많다. 당신이 약간의 호감만 보이면 사람들이 자발적으로 당신을 따르기 때문이다.

리더형 호감의 핵심은 에너지다. 즉, 카리스마다. 카리스마는 어느 정도 타고난다. 어릴 적을 기억해 보자. 항상 동네에는 골목대장들이 존재한다. 그들은 리더십에 대한 교육을 받은 적이 없지만 항상 리더 역할을 한다. 그들의 특징은 자세히 살펴보면 한 가지 공통점이 발견된다. 에너지가 강하다. 대체로 밝은 에너지를 발산하지만 가끔은 어두운 에너지도 존재한다. 아무튼 종류가 무엇이든 에너지는 강하다.

사람들은 강하고 밝은 에너지를 'Power(파워)'라고 칭하고, 강하고 어두운 에너지를 'Force(포스)'라고 칭한다. 포스는 우주전쟁 시리즈 영화 〈스타워즈〉에서 어둠의 에너지로 통하기도 한다. 무게감이 있는 상대방에게 "포스가 느껴진다."라고 표현하기도 한다. 다소 두렵다는 것이지만 끌리기도 한다는 것이다.

영국과 프랑스의 '백년전쟁'에서 빼놓을 수 없는 인물이 잔 다르크다. 평범한 시골 소녀였던 그녀는 천사 미카엘의 부름을 듣는다. 부름의 내용은 프랑스 왕자 샤를6세를 도와 프랑스를 구하라는 내용이었다. 처음 부름을 받았을 때 누구도 믿어줄 것 같지 않아 아무에게도 말하지 않았다. 하지만 부름이 점점 강렬해져 16세 때 행동으로 옮긴다.

집을 떠나 군대에 가서 사령관에게 왕을 만나게 해 달라고 요청한다. 사령관은 그녀의 계시를 믿지 않았다. 하지만 확신에 찬 목소리, 행동, 시골 소녀치고 밝은 정세 등을 판단해 6명의 군사를 붙이고 왕을 만나게 해준다. 왕을 만나러 가면서 그녀는 마을을 방문해 자신이 받은 계시를 마을 사람들에게 전파했다. 마을 사람들은 그녀를 의심했지만 확고한 태도와 확신에 찬 자신감을 가진 것을 보고 평범한 시골 소녀가 아님을 알았다.

그녀의 등장으로 사람들은 전쟁을 끝낼 거라는 희망을 가졌다. 시간이 갈수록 그녀를 지지하는 사람들이 늘어났다. 이런 일이 가능했던 것은 그녀만의 카리스마가 있었기 때문이다. 시간이 흘러 샤를6세를 만나는 시간이 되었다. 샤를6세는 그녀를 시험해보기로 했다. 가짜 왕을 세우고 자신은 신하무리 속에 있었다. 미카엘의 도움인지 아니면 자신을 시험할 것이라는 소문을 들었는지 그녀는 신하들 속에 있는 샤를6세를 쉽게 찾아냈다. 그리고 자신이 들었던 계시를 왕에게 전했다.

잔 다르크의 카리스마와 포스를 느낀 샤를6세는 전쟁을 다시 시작했다. 잔 다르크 역시 흰 갑옷과 흰 말을 타고 다니며 병사들의 사기를 북돋았다. 잔 다르크의 도움으로 영국이 점령한 랭스를 다시 차지한 프랑스는 샤를6세를 정식 왕으로 추대했다. 잔 다르크가 받은 계시 하나가 완료되었다.

잔 다르크는 영국과 계속 전쟁을 해야 한다고 주장했지만 샤를6세는 멈추고 싶었다. 그리고 자신보다 더 유명해지고 있는 잔 다르크를 경계하기 시작했다. 결국, 샤를6세의 음모와 영국의 방해로 그녀는 마녀로 몰려 화형에 처해졌다. 백년전쟁이 끝나고 3년 후 잔 다르크의 명예는 회복되었고, 1920년 그녀는 성녀로 추대되었다.

잔 다르크의 삶은 리더형 호감의 모습이다. 시골 소녀지만 강하게 느껴지는 카리스마, 특별한 계시를 받았다는 소문, 확신에 찬 행동 등 그녀는 많은 호감을 받을 수 있었다. 또한, 시대적 환경인 지긋지긋한 전쟁을 마무리해 줄 것이라는 요인도 주효했다. 잔 다르크를 보면 리더형 호감에서 가장 중요한 것이 자신감임을 알 수 있다. 자신감을 통해 많은 사람이 호감을 느꼈다. 더욱이 백년전쟁 같은 모두가 자신감을 잃은 상황에서 자신감 있는 모습의 리더형 호감은 더욱 강력하게 군중 속으로 퍼진다.

리더형 호감을 알기 위해선 자신의 과거를 살펴보는 것이 필요하다.

1. 학창시절 모두가 소극적 상황에 몰렸을 때 자신이 바꾸기 위해 나섰던 점
2. 일상의 언어지만 타인에게 힘이 있고 강한 언어라며 칭찬했던 점
3. 성과와 상관없이 모두가 어렵다고 할 때 끝까지 추진했던 경험
4. 한 번 설정한 목표는 반드시 끝을 보겠다고 각오한 일
5. 언어나 행동으로 다른 사람에게 동기부여를 준 일

리더형 호감 요소인 카리스마나 포스의 원천은 정확히 알 수 없다. 심리적 요소와 호르몬과 관련되었다는 설명도 있다. 원천이야 무엇이든 리더형 호감을 가지고 있다면 리더형 호감을 극대화해야 한다. 리더형 호감에서 자신을 표현하는 방법 중 하나가 언어적 요소인데, 리더는 언어적 감각이 떨어지면 믿음을 주기 어렵다. 힘이 있고 확신에 찬 언어는 리더형 호감에 있어 중요한 요소임을 잊지 말자.

또한, 리더형 호감에서 아무리 강한 힘을 가지고 있더라도 인격이 갖춰 있지 않다면 '오만과 편견'에 빠져 사람들에게 더욱 강한 적대감을 느끼게 할 수도 있다. 편견은 다른 사람들을 사랑할 수 없게 만들며, 오만은 다른 사람들이 당신을 사랑할 수 없게 만든다.

강한 에너지와 매력적인 카리스마를 타고났다고 우쭐하지도 말고 남에게 함부로 하지 말라. 인격을 수양하고 교양의 수준을 높여 처신에 대한 품위를 갖춰라. 이런 카리스마적 호감을 가지고 있는 경우라면 소외된 사람들로부터 질투의 대상이 될 가능성이 높기 때문이다. 인격이나 교양이 갖춰지지 않다면 사람들의 시기와 질투심에 의해 궁극적으로 리더십이 파괴될 수 있다는 점을 반드시 알아야 한다.

지금 자신의 이상이 남들보다 크고, 확신에 차 있으며, 다른 사람과 다른 카리스마나 포스가 있다면 리더형 호감임을 알자. 또한, 그 능력을 높이기 위해 언어적 감각을 독서와 스피치 훈련을 통해 극대화하라.

LAW 15

유쾌한 분위기로 지루할 틈을 안 준다

2. 유머형 호감

미국 클린턴 전 대통령의 최대 위기를 꼽으라면 두말할 것도 없이 1998년에 폭로된 '르윈스키 스캔들'이다. 르윈스키 스캔들은 1995년부터 1997년까지 당시 미국 대통령 빌 클린턴이 백악관 인턴 모니카 르윈스키와 그 외 여성들과의 이전까지 벌여온 성 추문이 폭로된 사건이다. 이 사건으로 빌 클린턴은 한때 탄핵의 위기에 직면하기도 했다. 당시 가장 많이 화가 난 사람은 아내 힐러리 여사였을 것이다.

시간이 흘러 힐러리 여사를 한 언론에서 인터뷰했다. 기자가 이혼을 하지 않은 이유를 물어보자 힐러리는 "그가 나를 웃겨줬기 때문이다."라고 대답했다. 정말 화가 난 상황이지만 클린턴의 유머 감각이 최후의 호감이 되어 클린턴을 지켜준 셈이다.

클린턴의 사례 말고도 유머가 위기를 넘겨준 일화는 역사적으로 정말 많다. 그만큼 유머는 동서고금을 막론하고 강한 호감을 나타낸다.

재일교포 사업가 손정의는 누군가의 어이없는 질문에 다음과 같은 고급스러운 유머로 답했다고 한다. “탈모가 심하시네요?”라고 물으니, “아닙니다. 머리카락이 후퇴하는 것이 아니라 내가 전진하고 있는 것입니다.” 그가 유머형 호감임을 알 수 있다. 또 다른 인물이 있다.

오바마 전 대통령에게 어느 기자가 백악관 생활에서 가장 좋은 점을 물었다. 그러자 오바마는 “재택근무라 아이들과 함께 있어서 무척 좋습니다.”라고 대답하며 유머 실력을 마음껏 펼쳐 보였다. 평소 유머 감각이 없다면 이와 같은 유머를 펼칠 수가 없다. 이런 호감 때문에 많은 투자와 지지를 받지 않았나 생각된다.

개인적으로 천국에 가야 할 사람들을 선택해야 한다면 사람들에게 즐거운 웃음을 선사하는 사람들이라고 생각한다. 각박하고 무료한 세상에서 유머를 통해 웃음을 주는 직업을 가진 사람들은 정말 신의 소명을 부여받은 사람이라 생각하기 때문이다.

삶에 유머가 없다고 생각하면 너무나 지루하지 않을까? 그래서 사람들은 유머가 있는 사람들을 좋아하고, 결국 유머는 한 인간에 대한 큰 호감으로 이어진다. 많은 개그맨이 아름다운 아내와 결혼하는 것을 보면 유머의 힘이 외모를 뛰어넘는다는 것을 알 수 있다.

결혼 전 지인이 결혼생활에 관한 진지한 조언을 해주셨다. “안 좋은 일이 있을 때면 반드시 유머를 사용해라.” 얼핏 말도 안 되는 것 같지만 결혼생활에서 유머는 큰 활력을 주었다. 그만큼 유머는 사람들 간의 긴장을 해소해준다.

희극배우 찰리 채플린은 "인생이란 가까이서 보면 비극이지만 멀리서 보면 희극이다."라고 이야기했다. 결혼생활도 타인들에게 무척 행복해 보일 수 있지만 가까이에 있는 당사자들에게는 힘든 일상이 될 수 있다. 그렇기에 유머는 결혼생활을 비롯한 모든 인간관계에 청량제 역할을 한다.

유머형 호감은 타고난 부분이 많이 작용한다. 유머의 핵심은 눈치와 타이밍이기 때문이다. 유머집을 읽고, 개그맨을 따라 한다 해도 타고난 부분이 없다면 발휘되기 힘들다. TV에서 개그맨 부모가 출연하는 프로그램을 본 적이 있을 것이다. 그들 부모 중 한 쪽이라도 유머가 넘친다는 사실을 알 수 있다. 개그맨 장동민의 아버지는 〈라디오스타〉라는 프로그램에 출연해 김구라 못지않은 입담으로 모두를 즐겁게 하고, 쌍둥이 개그맨 이상호·이상민의 아버지 역시 명절 개그 프로에 출연해 시청자들을 즐겁게 했다. 유머형 호감은 개인 노력도 중요하지만 유머에 대한 촉(觸)은 어느 정도 타고난 부분이 있어야 한다.

자신이 유머형 호감이 있는지 알기 위해선 많은 사람이 모인 자리에서 자신의 모습을 관찰하면 된다. 의무가 아닌데도 딱딱하고 어두운 분위기를 바꾸고 싶은 마음이 있으며, 특별한 이유 없이 상대를 즐겁게 하고 싶은 의무감이 든다면 유머형 호감이 있다. 또한, 누구보다 유머를 발휘할 타이밍을 잘 잡고, 언어의 유희, 순간의 패러디 등이 남들보다 탁월하다면 유머형 호감일 가능성이 크다.

유머형 호감을 극대화하기 위한 방법은 사실 하나밖에 없다. 바로 실전 경험이다. 실전 경험을 통해 나에게도 유머형 호감이 있다는 사실을 깨달았다. 나 역시 유머형 호감을 만들기 위해 유머집을 암기하고, 개그 프로그램을 반복시청했지만 안타깝게도 노력에 비해 성과가 미미했다. 강의하면서 끊임없는 실전 경험으로 유머형 호감을 극대화했다. 단순한 저질 유머는 철저히 배제하고 나름대로 세련되고 공감적인 유머를 추구했다.

모든 교육담당자가 강의의 주제와는 상관없이 재미있게 해달라는 주문을 해온다. '윤리경영'이나 '직업의식'이라는 진지한 주제의 강의조차도 재미있어야 한다는 것이다. 진지한 주제이지만 형식을 좀 더 가볍게 하면 재미있고 흥미를 끌 수 있다. 그 핵심에는 유머가 있다.

지식 자체의 가치는 예전만큼 높지 않다. 인터넷 검색 등을 통하여 쉽게 높은 수준의 지식과 정보에 접근할 수 있기 때문이다. 지금은 지식과 정보를 어떻게 전달하느냐에 따라 가치가 달라지는 시대이다.

사람들은 좀 더 가볍고 유쾌하게 지식을 즐기려는 경향이 강해지고 있다. 진지하기만 한 사람들에 대한 매력이 예전 같지는 않다. 진지한 사람들은 어쩐지 정확하고 신뢰감 있는 정보를 줄 것이라는 생각이 들게 한다. 하지만 시종일관 진지한 이야기들만 늘어놓는다면 상대방은 지루함을 느낀다. 그래서 진지함 속에 유머를 활용하는 실전 경험을 많이 쌓았다. 지금은 청중이 원하는 타이밍과 좋아하는 유머를 '그들의 언어'로 많이 사용한다.

유머형 호감이 대체로 타고난다고는 하지만 권위주의가 파괴되면서 약간의 유머는 모두에게 필요한 시대가 되었다. 타고난 유머형 호감들은 순발력이 강한 사람이다. 타고나지 않았더라도 본인의 개성에 맞는 스토리를 재미있는 에피소드 형식으로 전달하면 된다. 이것이 요즘 대세인 스토리텔링이다.

내가 겪은 이야기는 내가 가장 재미있게 할 수 있다. 스토리를 재미있게 구성하여 전달하면 유머 이상의 효과를 얻을 수 있다. 스토리텔링을 잘하기 위해선 우선 자기 이야기를 재미있게 하는 사람을 관찰할 필요가 있다. 자기 이야기를 잘하는 사람들의 말하는 습관을 보고 내 스토리텔링을 하면 된다.

유머형 호감을 가지고 태어난 사람은 유머형 호감을 극대화하기 위해선 여러 가지 습관이 필요하다. 그 첫 번째 습관이 사실 독서다. 아이러니하겠지만 저질 유머를 추구하지 않는 이상 독서를 해야만 유머가 가능하다. 유머형 호감에서 중요한 건 배경 지식이다.

세 종교가 모인 대학생이 토론장에서 유머로 살벌한 분위기를 잠재운 일이 있다. 힌두교는 소를 신성시해 소고기를 먹지 않는다.

이슬람은 돼지고기를 금지하고 있다. 소를 먹는 이슬람은 공격을 받았다. 이때 기독교를 믿는 대학생이 "우리 모두는 닭을 사랑합니다." 하며 유머를 했다고 한다. 세 종교 모두 닭은 먹는다는 배경 지식이 있기에 가능한 유머였다.

유머형 호감은 무작정 웃기려고 덤비는 호감을 말하지 않는다. 상대를 최대한 편안하게 만들면서 상대의 말을 통해 유머를 제공한다. 만약 배경 지식이 없어 상대의 말을 이해하지 못한다면 유머 자체는 불가능하다.

유머형 호감을 가지고 태어난 사람은 여러 부분에서 유리하다. 하지만 자신의 개그 촉만 믿고 노력하지 않으면 어느 순간 시대에 뒤떨어지는 유머로 변한다. 대중에게 인기 있는 유머형 호감 인물을 보면 최신 유머를 많이 사용한다. 그들만의 노력이다. 또한, 상당한 독서로 상대의 말에 배경 지식을 이해하며 자신의 촉으로 재해석한다. 그렇기에 호감이 간다.

자신이 유머형 호감이라면 시대에 역행하는 개그나 저질 개그를 하고 있지 않은지 점검하자. 상대를 배려하는 경청 속에 세련된 유머를 발휘하는 유머형 호감으로 거듭나야 한다.

LAW 16

겸손으로 편안함을 준다

3. 겸손형 호감

"나에게도 이런 좋은 상이 오는군요. (중략) 사람들에게 일개 배우 나부랭이라고 나를 소개합니다. 60여 명의 스태프들이 차려놓은 밥상에서 나는 그저 맛있게 먹기만 하면 되기 때문입니다. 나만 스포트라이트를 받아 죄송합니다. 트로피의 여자 발가락 몇 개만 떼어가도 좋을 것 같습니다. (중략) 열심히 하겠습니다."

겸손한 그의 수상수감은 "밥상에 숟가락을 얹었다."로 패러디되어 많은 사람에게 기억되었다. 최고의 대우를 받는 배우지만 수상소감은 겸손했고 그렇기에 더욱 호감을 샀던 한 배우가 생각난다.

『손자병법』에는 "고수는 사람들의 환호에 연연하지 않는다. 환호와 박수에 오염된 사람은 결코 고수가 될 수 없다."라는 말이 있다. 특히 지위가 높거나 실력이 있는 경우 겸손까지 더해지면 호감은 몇 배 늘어난다. 사람들은 잘나갈수록 주위 사람들의 찬사와 관심으로 쉽게 거만해지지만, 겸손형 호감은 더욱더 고개를 숙이며 철저히 자기관리를 한다.

방송국에서 그에게 반말할 수 있는 사람이 없다며 최장수 연예인으로 기록될 송해. 그가 출연했던 〈나를 돌아봐〉라는 TV 프로그램을 보면 겸손함이 몸에 배어있다는 사실을 알 수 있다. 호텔에서 촬영하고 있을 때 웨이터에게 커피부터 다양한 서비스를 요청할 때마다 "감사합니다, 죄송합니다."를 전한다. 방송을 보고 호감을 넘어 존경심이 절로 났다. 겸손이 있기에 치열한 방송세계에서 오랫동안 살아남았다는 사실을 알 수 있다.

사회생활을 하다 보면 너무 야심만만해 보이거나 지나치게 움츠러든 모습을 보일 경우, 사람들에게 두려움이나 부담감을 심어줄 수 있다. 그런 관점에서 사람들에게 인간적인 겸손함을 보여주는 것이 중요하다. 사람들은 대체로 약자들에게 후하다. 가끔은 약자의 역할, 특히 희생자의 역할만큼 효과적인 것도 없다.

영국에서 가장 매력적이고 호감도가 높았던 디즈 레일리의 이야기이다. 그는 의회에서의 첫 번째 연설을 위해 큰 공을 들여 연설문을 작성했다. 하지만 그가 연단에 오른 순간, 반대 정당의 고함과 비웃음 소리 때문에 그의 말은 거의 들리지 않았다. 그는 이에 굴복하지 않고 힘겹게 연설을 마쳤지만 실패했다는 생각에 비참한 기분마저 들었다. 그런데 반응은 예상외였다. 특히 그의 동료들은 아주 훌륭한 연설이었다며 칭찬을 아끼지 않았다. 그는 상대편의 악의적인 반응 속에서 이성을 유지했고 끝까지 포기하지 않았다. 그래서 사람들에게 '희생자'라는 인상을 심어주었고 사람들로부터 동정표를 얻을 수 있었다. 결국, 그는 상황을 자신에게 유리하게 끌고 갈 수 있었다.

이처럼 많은 사람에게 호감을 받을 수 있는 겸손형 호감은 타고난 성격도 있지만 대체로 훈련을 통해 만들어 낼 수 있다. 특히 겸손형 호감의 필수적인 행동인 '경청의 자세'는 훈련만 된다면 누구나 가능하다.

겸손형 호감자들은 누구보다 상담을 잘해준다. 편안하게 고민도 털어놓을 수 있으며 거기에 해결책도 제시해 준다. 또한, 아무리 칭찬해도 자만하거나 노력을 멈추지 않는다. 스스로 만족할 때까지 계속 자기수련에 집중한다. 전형적인 외유내강 스타일이다.

겸손형 호감을 극대화하기 위해선 자만을 철저히 경계해야 한다. 하지만 실력이 쌓이고 유명해지면 자만을 부추기는 사람이 나타나기 마련이다. 겸손형 호감을 추구하는 사람은 자만심을 부추기는 사람의 존재를 당연한 존재로 여기면서 진실된 칭찬인지 자만을 부추기는 아부인지 판단해야 한다. 모두가 부러워하는 실력을 갖춘 사람들이 파멸로 가는 이유는 자만을 부추기는 사람을 구분하지 못했기 때문이다. 구분하는 방법은 사람에 대한 관찰과 공부를 하는 방법이 있다.

얼마 전 30대 중반의 강사를 만났다. 베스트셀러를 출간하고 인기 상승 중인 강사였다. 강의장에서는 확실히 스타강사다운 면모를 보여주었다. 청중 역시 그를 향해 박수를 보냈다. 그리고 강사 대기실에서 15분 정도 함께 있었다. 인사 겸 몇 마디 이야기를 나누었다. 그는 지금 자기 책이 정말 잘 팔리고 여기저기서 연락이 오고 있다며 즐거워했다. 조만간 강사로서 자신의 성공 스토리를 바탕으로 강사양성 과정을 만들 예정이라며, 과정 금액을 말해주는데 금액이 꽤 고액이었다. 그가 자신감 있어 보였으나 다소 건방지다는 느낌 때문에 호감은 가지 않았다. 잠시 후 강의담당자가 와서 다음 달 재강의를 요청했다. 그는 현재 금액으로는 힘들다고 거부하며 50%를 추가해 달라고 말하자 담당자는 회사 내규상 불가하다며 재강의 요청이 무산된 것이다. 그 강사가 자리를 비운 사이 담당자가 나에게 말을 걸어왔다.

"책 한 권 베스트셀러 되었다고 어깨에 힘이 들어갔네요. 신 대표님은 저 강사 얼마나 갈 것 같아요?"

"글쎄요. 강의 경력도 짧은 것 같은데 좀 더 겸손한 마음으로 다양한 경험을 해야 할 것 같습니다."

대단히 조심스럽게 말하려고 노력했지만 담당자와 나는 공통된 생각을 하고 있었다. 바로 유명세란 독이 그에게 번졌음을 말이다.

우리 주변엔 나를 보는 눈이 참 많다. 고로 평판도 많다. 겸손하지 않으면 살아남을 수 없다. 더욱이 청중의 인기로 사는 강사에게 겸손은 필수인데 유명세란 독에 빠져 5년도 못 살아남을 거라는 생각이 들었다. 또한, 무대에서 보여준 것도 거짓이라는 생각이 들어 비호감 강사로 각인되었다. 겸손형 호감은 평판 사회에 살고 있는 우리에게 너무나 중요한 존재다.

겸손형 호감에는 경청이라는 무기 말고도 칭찬이라는 무기가 있다. "칭찬은 고래도 춤추게 한다."라는 말이 그래서 나온 것이다. 상대방을 칭찬하는 것은 분명히 '호감' 이상의 가치가 있다. 특히나 권위 있는 사람으로부터 받는 칭찬과 인정은 상대방의 '충성심'을 높이고 의리를 지키게 만든다.

인간은 생존 자체가 결핍이다. 육체적으로도 항상 산소가 결핍되는 구조여서 산소공급이 유지되어야 생존할 수 있다. 마찬가지로 인간은 욕구로부터 자유로울 수 없으며, 인정은 인간의 욕구 결핍에 대한 정서적 충족이라고 할 수 있다. 상대방을 인정해 주는 겸손함은 생각보다 엄청난 힘을 발휘한다. 상대방을 인정하라. 인정받은 상대는 당신에 대한 반항심이나 질투심을 호감의 감정으로 탈바꿈할 것이다.

겸손형 호감은 많은 사람을 끌어온다. 더욱이 겸손은 개인의 노력에 따라 얼마든지 개발할 수 있다. 겸손을 어렵게 생각하지 말자. 상대의 장점만 보려는 노력과 칭찬을 들었다면 너무 우쭐해지지 않으려는 노력이면 된다. 겸손형 호감을 무기로 주변에 사람이 가득한 사람으로 변모하라.

LAW 17

만나면 새로운 걸 얻어간다

4. 아이디어형 호감

아이디어형 호감은 흔하지 않다. 그만큼 희귀해 더욱 호감이 간다고 할 수 있다. 지금은 지식과 경험이 받쳐주지 않은 아이디어에 사람들은 호감을 느끼지 않는다. 또한, 정보가 넘쳐나는 시대이기에 시시한 아이디어에는 감흥이 없다.

인터넷과 각종 출판물에 아이디어는 넘쳐난다. 정말 특이한 아이디어를 탄생시켜야만 호감을 느끼기 때문에 아이디어형 호감은 다독, 다작, 다양한 활동 등 많은 것이 받쳐줘야 한다. 희귀하지만 매력적이란 사실을 기억하면 된다.

지인 강사 중에 만나면 새로운 아이디어를 주는 사람이 있다. 10대 때부터 다독과 다양한 해외경험을 자랑한다. 만나서 아이디어를 요청하면 바로 쏟아낸다. 물론 실천 가능한 것과 불가능한 것은 내가 선택해야 하지만, 아이디어 수준은 놀라울 정도다. 새로운 아이디어를 얻을 때마다 호감을 느낀다. 나 역시 고마움의 표시로 그가 아이디어를 내놓을 때마다 메모하고 진지한 자세로 경청한다.

아이디어만 많다고 호감이 느끼지는 것은 아니다. 아이디어가 많은 사람의 약점은 주로 자신이 대화를 독점하거나 남의 아이디어를 무시하는 투로 말하는 것이다. 즉, 자신의 생각과 통찰이 너무 뛰어나서 다른 사람에게 큰 관심이 없거나 표현하지 않는 것이다. 이런 경우 아이디어 넘치는 비호감에 가깝다. 반대로 아이디어가 상대를 향한다면 최고의 호감형이다.

사람들은 천성적으로 자신의 일과 인생에만 유난히 관심이 많다. 중국 법가사상의 최고봉인 한비자는 인간을 이기적인 존재로 규정했다. 다시 말해 사람들은 다른 사람들에게 큰 관심이 없다는 것이다. 자신만이 존재할 뿐이다.

예를 들면, 당신은 친한 사람들과 함께 멋진 풍광 앞에서 사진을 찍는다. 사진을 확인한다. 가장 먼저 무엇을 보는가? 본능적으로 자신을 먼저 본다. 내가 사진에서 예쁘게 잘 나와야 좋은 사진이다. 그만큼 자신에게 관심이 많다는 것이다. 이런 와중에 본인의 일과 인생에 관심을 두고 아이디어를 제공해 준다면 누가 싫어하겠는가? 타인을 상담해 주면서 좋은 아이디어를 줄 수 있는 사람이라면 이 시대에 맞는 최고의 호감형이다.

다시 강조하지만 사람들은 본인과 상관없는 타인의 아이디어에는 별로 관심이 없다. 직장 상사로서 아이디어를 제시할 때 직원들이 '최고의 아이디어'라고 아부하는 모습에 절대 현혹되면 안 된다. 직원들은 상사의 아이디어보다는 연말에 예정된 상사의 평가에 더 관심이 있다. 상사의 평가에 따라 승진과 보너스가 좌우되기 때문이다. 상사의 아이디어에 대해 너무 솔직하게 이야기했다가는 평가에 불리해질 수 있기에 대체로 긍정적으로 이야기한다.

그래서 높은 직급의 관리자들일수록 본인이 아이디어맨이라고 자부한다. 아이디어에 대해 직원들의 많은 칭찬과 인정을 받아왔기 때문이다. 그러면서 본인이 아이디어가 현실화되면서 정말 큰 만족감을 느끼기까지 한다. 그럴수록 더욱 위험하다. 본인의 형편없는 아이디어를 연말에 좋은 평가를 받기 위해 자신을 희생해 가면서 현실화한 직원들의 고생은 생각하지 못하기 때문이다.

조직 밖으로 나와 보면 금방 안다. 본인의 아이디어가 얼마나 가치 없는지 알고 크게 실망한다. 조직에서 임원으로 은퇴하고 강사를 하고 싶어 하는 사람이 무척 많다. 나를 찾아와 항상 이야기한다. 본인의 소중한 경험과 멋진 아이디어를 사람들에게 나누고 싶다는 것이다. 절박한 마음을 알기에 경청하지만 솔직하게 말하면 상처받을까 봐 힘이 들 때가 있다. 내가 보기에는 사람들이 좋아할 만한 멋진 경험이나 아이디어로 보여지지 않기 때문이다.

우리 주변에 아이디어 만드는 방법을 알려주는 책도 많고 관련 교육, 동영상도 넘쳐난다. 하지만 아이디어형 호감은 소수이다. 아이디어형 호감이 어려운 이유는 호기심을 유지하는 데 문제가 있기 때문이다. 어른이 되어서도 어린아이 같은 호기심이 있다면 아이디어를 많이 창출할 수 있지만, 어른이 되면서 호기심은 줄어들고 생계에 밀려 새로운 무엇을 수용하기가 귀찮아진다. 호기심이 없으니 궁금증도 없고 궁금증을 해결하려는 아이디어도 없다. 거기에 독서, 경험 등 다양한 능력을 겸비해야 하니 힘든 것도 사실이다.

그렇다고 좌절하기에는 우리 모두에게 아이디어 호감의 자질은 있다. 이지성 저자의 《당신의 아이는 원래 천재다》라는 책이 있다. 제목에서 보듯 우리 모두 아이였고, 모두 천재였다. 하지만 교육을 받으면서 점점 평범해졌다. 다시 타고난 천재성을 살린다면 컴컴한 방 안에 램프를 켜듯 아이디어형 호감으로 탄생할 수 있다.

㈜NHN 이해진 의장은 한때 대기업에서 일하며 근무시간 8시간 중 2시간씩 새로운 아이디어를 내겠다고 스스로 약속했다. 근무시간 2시간을 따로 냈기 때문에 부족한 시간은 야근하며 아이디어를 고민했다. 치열한 고민 끝에 자신은 물론 많은 사람이 검색엔진에 어려움을 느끼고 있음을 알았다. 컴컴한 방 안에 램프를 켜는 순간이었다. 그 후 끊임없는 아이디어 창출 끝에 네이버를 창업하고 '지식인' 아이디어를 만들어 지금의 네이버를 탄생시켰다. 이해진 의장은 천재나 아이디어뱅크가 아니었다. 매일 2시간씩 자신과의 약속을 지켰고 실천에 옮긴 것뿐이다.

아이디어 호감형은 이렇게 탄생된다. 결국, 시간의 투자다. 20세기 천재로 알려진 아인슈타인 역시 특허공증인 생활을 다년간 하며 수많은 특허를 다루었고, 조정래 작가 역시 수많은 습작에 많은 시간을 투자했다.

소수의 호감인 아이디어형 호감을 꿈꾼다면 새로운 아이디어를 내는데 다년간 투자해야 한다. 투자시간을 조금이라도 줄이기 위해서는 관점을 바꾸는 습관을 들이자. 상대가 당신에게 아이디어를 구하는 건 다른 관점을 필요로 하기 때문이다. 바나나가 노란색이란 건 누구나 알고 있는 관점이다. 정작 우리가 먹는 바나나 속은 하얀색이라는 관점을 줄 수 있어야 한다. 평소 세상을 다른 관점으로 본다면 아이디어 호감이 될 수 있다.

수년 전 바둑천재 이세돌 기사와 알파고의 대국이 큰 이슈가 되었다. 그리고 AI 등장으로 많은 직업군이 위협을 받는다는 사실을 모두가 자각했다. 하지만 AI도 못하는 최후의 영역이 아이디어를 내고 관점을 바꿔주는 일이다. 그만큼 희귀하고 어려운 능력인 셈이다. 여기에 인간적인 매력까지 더해진다면 호감이 급격히 상승한다.

다른 사람이 나를 만나기 위해 돈은 물론 시간까지 투자해 기다린다고 생각해보자. 오직 아이디어형 호감만이 누릴 수 있는 행복이다. 우리는 모두 천재성이 있다. 그 천재성을 끄집어내 아이디어형 호감이 되자.

LAW 18

해보지 않은 것을 해봤다

5. 동경형 호감

몇 년 전 한 여자대학교에서 강의를 마치고 학생들과 식사할 기회가 있었다. 이런저런 이야기를 하다가 멘토가 있는지 물었다. 한 학생이 베스트셀러 작가이자 여행가, 국제기구활동가 한비야 씨를 이야기했다. 한비야 씨는 평범한 회사를 박차고 나와 오지를 여행하며 《지도 밖으로 행군하라》를 펴내고 여행 작가가 된 사람이다. 그 후 월드비전 긴급구호팀장, 세계시민학교 교장을 역임했다. 그녀의 화려한 이력과 평범한 삶을 거부하고 자신의 꿈을 향해 달려가는 모습에서 많은 사람이 그녀를 동경하고 있는 것 같다.

우리는 안정과 평범한 삶을 추구하면서도 한비야 씨처럼 안정과 평범함을 거부하고 자신의 꿈을 향해 달려가는 사람에게 호감을 느낄 때가 많다. 즉, 자신이 못하고 있는 일을 하고 있는 사람에게 느끼는 동경형 호감 말이다.

인생을 사는 모습이 너무 평범해 보인다면 상대방이 나에 대해 호감을 느끼기 힘들다. 우리는 나와 비슷한 사람을 좋아하기도 하지만, 내가 겪지 못한 세상을 경험한 사람들을 동경한다.

사람들은 '강사' 또는 '강연가'라는 직업을 동경하는 것 같다. 그래서 많은 사람이 나에게 호감을 느끼고 나를 개인적으로 만나려고 한다. 나 역시도 그랬다. 강사라는 사람을 만나 이야기를 듣고 싶었다. 어떻게 시작할 수 있는지 그리고 어떠한 삶을 사는지가 무척 궁금했다.

누구나 마찬가지이지만 직업적으로 특별한 느낌을 주는 사람들에게 큰 호감을 느낀다. 예를 들어 연예인, 예술가, 운동선수 등 이름이 알려진 사람들에게는 더욱 큰 호감을 느낀다. 그리고 조금은 특별한 직업을 가진 사람들의 이야기는 무척 새롭다.

얼마 전 방송사 유명 PD의 강의를 들은 적이 있다. 그가 들려주는 방송계 이야기는 내가 경험해 보지 못한 세상 이야기로 가득한 판도라의 상자가 활짝 열린 것과 같았다. 특강강사가 필요할 때 동경형 호감이 넘쳐나는 PD를 강사로 섭외하는 걸 좋아한다. 동경형 호감이 사람을 끌어내는 매력임을 알기 때문이다.

동경형 호감은 사람들의 주목을 받는 데 있어서 큰 힘을 발휘한다. 종종 강의 중 청중 호감을 끌어오기 위해 내가 유명 사이트에 나오는 베스트셀러 작가라고 말한다. 청중은 다양한 강사를 만났지만 베스트셀러 작가가 강의한 적이 많지 않기 때문에 일순간 나에게 집중한다. 그러면 강의는 일사천리로 진행된다.

그래도 분위기가 살지 않으면 오랜 시간 갈고 닦은 마술을 보여준다. 마술이 일반화되고 있지만 아직까지 일반인이 쉽게 접근할 수 있는 건 아니다. 마술을 보여주면 강의 분위기는 확 살아난다.

이렇게 사람들에게 일순간 호감을 올려주고 스타가 될 수 있는 동경형 호감은 베스트셀러 작가나 유명인, 특이한 직업군의 전유물일까? 절대 아니다. 평범한 사람도 충분히 동경형 호감을 받을 수 있다.

지인 중 마라톤이 취미인 분이 있다. 30여 차례 마라톤 풀코스를 완주한 분이다. 나로서는 감히 42.195km를 완주한다는 것은 상상조차 할 수 없는 일이다. 그의 목표 중 하나는 2시간 50분의 기록을 깨는 것인데 얼마 전에 성공했다고 연락이 왔다. 마라톤에 대한 열정은 대단하다. 술자리에서 이야기를 들어보면 보스톤 마라톤, 사하라 횡단 마라톤 등 그의 인생에 해야 할 일들이 참 많아 보인다. 그래서 대화의 주제는 대부분 마라톤이다. 나 역시 지인을 동경해 마라톤에 관한 이런저런 질문을 한다. 마라톤을 뛸 때 무슨 생각을 하는지, 사점(死點)이라는 것이 있다고 하는데 어떤 기분이 드는지 등 새로운 세상을 경험한 사람에 대한 호기심이 생기게 되었다. 자동으로 동경형 호감도 늘어났다.

이처럼 동경형 호감은 일상생활에서 특별함을 찾으면 된다. 단

몇 번 해보고 접으면 동경형 호감이 될 수 없다. 타의 추종을 불허할 정도로 파헤치고, 모으고, 도전해야만 동경형 호감이 될 수 있다. 특별한 경험이나 지식이 아닌 일상적인 경험과 지식에서 동경형 호감이 되기 위해선 다음과 같은 행동이 필요하다.

첫 번째, 인내 있게 경험이나 지식을 쌓아라.

소위 말해서 한두 번은 누구나 해볼 수 있다. 특별함을 위해선 시간 투자가 필요하다. 지인 중에 활궁 한 달, 사격 한 달, 카레이싱 몇 번 등 취미가 자주 바뀌는 사람이 있다. 도전정신은 높게 평가하지만, 동경하기 어렵고 왠지 사람이 가벼워 보인다. 적어도 초보자에게 인정받기 위해선 1년 이상 투자할 각오로 하자. 시간이 쌓이면 쌓일수록 동경형 호감은 커진다.

두 번째, 스스로 가치를 부여하라.

다른 사람 눈에는 신기하고 대단해 보여도 스스로 깎아내리고 가볍게 본다면 딱 거기까지만 이다. 내 안에 다른 사람이 동경의 눈으로 보는 보석은 자기가 인정할 때 나오는 법이다. 누구나 겪는 경험이라도 가치를 부여하면 동경형 호감이 될 수 있다.

세 번째, 스토리를 재정립하라.

동경형 호감은 스토리에서 시작된다. 아무리 멋진 경험을 해도 풀어내지 못하면 누구도 알아주지 않는다. 자신은 가만히 있으면서 남들이 알아주는 시대는 지났다. 자신을 적극적으로 알릴 필요가 있다. 자신이 한 경험에 가치를 부여하고 스토리를 입혀라. 그 후 동원할 수 있는 미디어를 동원해 자신을 알려야 한다.

"인생은 시시하게 살기에는 너무도 짧다."

미국의 자기계발 대가 데일 카네기의 말이다. 시시한 삶을 살고 싶은 사람은 없을 것이다. 그렇다면 조금은 특별한 삶을 꿈꾸자. 특별하다 해서 오지를 탐방하고 우주여행을 가라는 말이 아니다. 자신의 삶에 조금 더 다름을 찾으란 말이다.

세불아연(歲不我延)이란 말이 있다. 풀이하면 '세월은 나를 위해 기다려주지 않는다.'라는 뜻이다. 시간은 나를 위해 더디게 가지 않는다. 그러니 남들과 조금 특별한 삶을 꿈꾸며 동경형 호감을 키워 보자.

LAW 19

순수함이 넘치는 어린 시절의 추억

6. 순진형, 백치미형 호감

"그럼, 읽겠습니다."(순수한 미소와 어색한 발음으로)

"사연이 재미없어도 김종민 씨가 읽으면 재미있을 것 같아요."

시청자 사연을 읽어주는 코너에서 가수 김종민이 사연을 읽기 시작하자 진행자는 그냥 읽기만 해도 재미있을 것 같다며 기대를 보낸다. 잠시 후 사연을 읽어나가자 무대는 웃음으로 가득했다. 어색한 발음, 순수한 미소 등, 보기만 해도 김종민은 즐거운 사람이다.

가요계에 김종민의 등장은 신선했다. 개그계에게서나 볼 수 있는 백치미 캐릭터가 가요계에도 등장했기 때문이다. 지금 김종민은 유명스타다. 안티도 많지 않은 것 같다. 사람들은 생존을 위해 김종민의 의도된 전략이라고 이야기하지만 내 눈에는 진짜 순수해 보인다. 순수한 모습이 의도된 전략이라면 김종민은 정말 천재이다.

사람들은 완벽해 보이는 사람들을 경계한다. 너무 완벽한 모습만 보여주면 상대방도 완벽해 보여야 한다는 강박관념에 피로만 쌓일 뿐이다. 약점을 보여주면 사람들의 마음을 무장 해제할 수 있다.

하지만 여기서 꼭 기억해야 할 것은 약점이라는 것은 인간적인 면에 국한되는 것이지 업무적인 약점은 큰 해가 될 수 있다는 것이다. 업무적인 면에서는 강점을 보이고 인간적인 면에서는 약점을 보이면 사람들은 큰 호감을 느낀다. 즉 업무를 제외한 부분에서 순진형, 백치미형 호감인 셈이다.

약점이 없는 사람은 없다. 다만 화장을 하듯 감추고 있는 것이다. 사람들은 약점이 있다는 것 자체에 큰 부끄러움을 느끼고 지나치게 예민하게 반응하기도 한다. 그래서 약점을 숨기려고도 한다. 약점을 숨기려 하는 사람들은 일반적으로 신뢰가 가지 않고 자연스러워 보이지 않는다. 사람들은 자연스러운 모습을 좋아하기 때문이다.

완벽해 보이기 위해 지나치게 경직되거나 과장된 모습에 불편함을 느낀다. 이런 사람들에게 호감보다는 반감이 앞서는 것을 누구나 경험해 보았을 것이다. 약점을 절대적으로 드러내지 않고 모든 것에 완벽해 보이려는 사람들에게 우리는 거리감을 느낀다. 순진형, 백치미형 호감은 반대의 개념인 것이다.

순진형, 백치미형 호감은 성인들의 피로와 관계가 있다. 사회생활을 어느 정도 하다 보면 피곤함에 시달린다. 영원할 것 같은 열정은 사라지고 말 그대로 먹고살기 위해 일한다. 정글 같은 비즈니스 세계에서 긴장의 끈을 놓을 수도 없다. TV, 인터넷에는 즐거움을 주는 기사는 없고 피곤만 쌓여간다. 언제든 보이스 피싱을 당할 수 있고, 사기공화국이라는 오명이 있을 정도로 눈먼 사람에게 다가와 사기를 친다. 50세가 넘은 중년 남성들에게 언제 박장대소해봤는지 물어보면 기억이 가물가물하다. 그만큼 우리는 피로 사회에 살고 있다.

현재와 같은 피로 사회에서 인생은 고되기만 하고 긴장감으로 가득 차 있다. 그래서 어린아이와 같이 순수하고 순진해 보이는 사람을 보면 자연스레 미소가 번지고 호감을 느끼게 된다. 우리가 어린아이를 보는 느낌과 비슷할 것이다. 어린아이의 순수한 미소를 보면 긴장감이 해소되고 큰 행복감을 느끼기도 한다. 어린아이를 볼 때면 우리는 안전함을 느낀다. 어린아이에게 배신을 당하거나 사기를 통한 불이익을 당할 수 있다는 불안감을 느끼지 않기 때문이다.

이처럼 상대를 무장 해제하고 안티가 없게 하는 순진형, 백치미형 매력을 개발하기 이전에 우선 순진형과 백치미형을 구분할 필요가 있다. 둘은 미묘한 차이가 있으며 개발하는 방법도 조금씩은 다르다. 먼저 순진형은 어린아이처럼 마냥 순진하면 오히려 꼴불견이다. 최소한 자기 분야에 전문성이 있어야 한다. 자기 분야에 전문성이 없다면 순진형은 다른 사람에게 이용당할 수 있으며, 정말 어린아이 취급당할 수 있다. 순진형은 자기 분야에서 누구보다 전문가이면서 다른 분야에 순수한 호기심을 가지고 지켜볼 수 있어야 한다.

백치미형은 외적 매력이 동반되어야 한다. 연예인 같은 외모는 아니더라도 순수한 의문을 던질 때 비추는 모습이 중요하기 때문이다. 백치미의 국어사전적 의미가 '너무 지능이 낮은 듯하고 표정이 멍한 사람이 풍기는 아름다움'이다. 예쁨이 아니라 아름다움임을 기억해야 한다. 이 호감을 발휘해야 할 때 주의할 사항은 분위기나 상황을 가려야 한다는 것이다. 분위기나 상황을 가리지 못해 아무 때나 순진하고 백치미처럼 행동한다면 눈살을 찌푸리고 철없는 사람으로 찍힐 뿐이다. 밝고 유쾌한 상황이나 그런 분위기를 요구할 때 호감이 발휘된다. 이때 주로 사용하는 기법이 질문기법이다. 모르는 척, 아닌 척하며 순수한 질문을 던지고 맞장구를 쳐준다면 순진형, 백치미형 호감을 발산할 수 있다.

순진형, 백치미형 호감은 외적 매력에 기인한다. 그래서 타고난 면이 필요하다. 아이돌 팬들이 자신이 좋아하는 아이돌 멤버를 보고는 SNS에 올린 "왜 나만 늙어!"라는 내용의 게시물이 생각난다. 그들은 나이가 들어도 데뷔 때 외모 그대로다. 데뷔 때부터 순수한 모습을 추구했기 때문에 지금도 순수한 모습을 유지한다. 그래서 세월이 흘러도 많은 고정 팬을 확보하고 있다. 팬들은 나이 들어가지만, 과거 모습을 유지하고 있는 아이돌들을 보면서 과거를 회상하고 그리워한다.

순수한 사람을 싫어하는 사람이 없으며, 나에게 관심을 두고 무언가 물어보는 걸 싫어하는 사람은 없다. 순진형, 백치미형 호감으로 피로와 긴장으로 힘든 사람을 무장 해제하여 나의 호감을 적극 발휘하자.

LAW 20

지치지 않는 경청으로 상대의 입이 즐겁다

7. 리액션형 호감

"여자한테 먼저 사귀자고 고백 받다니. 세상에."

우리 회사 Y 파트너 강사가 술자리에서 이야기를 시작했다. 대학교 때 좋아하는 여자가 있었지만, 용기가 나지 않았다고 한다. 그녀는 학과의 스타였고 Y는 있는 듯 없는 듯 평범한 학생이었다. 다행히 Y는 심리에 관한 많은 책을 읽어 그녀의 상태를 객관적으로 볼 줄 알았다. 그녀 주변에 남자가 많다 보니 불안할 수밖에 없고, 외모 말고 다른 것으로 칭찬받을 기회가 없다는 사실을 파악했다.

Y는 다른 차원으로 그녀에게 접근하기 시작했다. 바로 남자에 관한 조언을 해주면서 외모 말고 다른 재능을 발굴해 칭찬해 준 것이다. "예쁘다."라는 칭찬은 그녀에게 더 이상 효과가 없음을 간파하고 있었던 것이다. 초반 그녀와 통화할 때 Y에게 관심은 없고 주변 잘난 남자만 이야기할 때도 인내 있게 들어주고 코칭을 해주었다. 또한, 다른 남자들은 자기 외모만 칭찬할 뿐 자신의 재능에는 별 관심

이 없었지만 "너는 글을 참 잘 쓴다."처럼 Y의 칭찬은 달랐다.

둘은 차츰 친해지기 시작했고 칭찬을 통해 가까운 사이가 되었다. 시간이 흘러 불안한 사랑에 질린 그녀는 자기 이야기를 잘 들어주고 마음을 잘 알고 있다고 생각한 Y에게 먼저 사귀자고 했다. Y는 거부할 이유가 없었기에 사귀게 되었다고 한다.

평소 Y 강사는 맞장구도 잘 쳐주고 호응도 잘해줘 여러 사람에게 인기가 있다. 비결을 묻는다면 리액션을 잘한다는 점이다. 그 리액션이 티 나는 아부나 사탕발림이 아니라 배우처럼 감정을 실으니 누구나 좋아할 수밖에 없다. Y 강사만의 호감이다.

리액션형 호감에 역사적인 또 다른 사례를 보자. 영국의 빅토리아 여왕 시대에 쌍벽을 이루던 두 정치인이 있었다. 한 사람은 해박한 지식과 웅변으로 대중을 매료시키며 수상이 되었던 윌리엄 글래드스턴이고, 다른 한 사람은 문학도 출신으로 의회 정치 실현에 크게 이바지하며 수상이 되었던 벤자민 디즈데일리이다. 두 정치인의 만찬에 모두 초대받는 영광을 누린 한 여성이 있었다. 훗날 어떤 사람이 그 여성에게 물었다. "글래드스턴과 디즈데일리 두 정치인을 다 만나 보셨군요. 가까이서 본 두 사람의 인상은 어떠하던가요?" 그녀는 회심의 미소를 지으며 말했다.

"두 사람 다 뛰어난 화술가였어요. 차이점이 있다면 나는 글래드스턴과 자리를 함께한 후 그가 영국에서 가장 박식하고 훌륭한 사람임을 알았어요. 그러나 나는 디즈데일리와 자리를 함께한 후 내가 영국에서 가장 매력 있고 훌륭한 여인이라는 자신감을 갖게 되었지요."

두 정치인의 차이는 무엇이었을까? 글래드스턴은 시종일관 본인의 자랑만을 지루하게 늘어놓기만 했던 것이었다. 반면 디즈데일리는 그 여인이 하는 이야기에 집중하고 경청했다. 실제로 디즈데일리라는 정치가는 영국 역사상 가장 매력적이고 호감 있는 남자로 손꼽힌다. 더욱 놀라운 사실은 그의 외모는 상당히 볼품없었다.

이 이야기는 실제로 나의 운명을 바꿔주었다. 군 제대 이후 책에서 이 이야기를 읽고 사람을 대할 때의 태도를 바꾼 것이다. 그전까지만 해도 내가 말을 잘하면 사람들이 무조건 좋아할 것으로 생각했고 그렇게 행동했다. 그 이후에는 사람들은 본인이 이야기하는 것을 들어 주는 사람에게 호감을 느낀다는 사실을 깨닫고 태도를 바꿔 실천했다. 달변(達辯)의 습관을 경청(敬聽)의 습관으로 바꾼 것이다. 습관은 분명히 운명(運命)을 바꾼다. 운명을 바꾸는 최고의 습관 중 하나는 경청의 습관이라고 확신하며 많은 경험을 통해 그 사실을 입증할 수 있었다.

대학 다닐 때로 기억된다. 선배 집에 자주 놀러 갔다. 선배 집은 서초동이었는데 부자였다. 그때 나는 돈이 없을 때로 선배 집에 가면 맛있는 음식이 넘쳐났다. 어느 날 선배 집에 갔는데 선배가 조금 늦는다고 선배 어머니께서 말씀하셨다. 선배 어머니가 심심하셨던지 소파에 앉아 있는 나에게 말씀을 시작하셨다. 앞으로는 경청을 실천하겠노라 마음먹은 상태였고 맛있는 것을 많이 챙겨 주신 선배 어머니가 감사하여 선배 어머니 말씀에 경청했다.

선배 어머니는 말씀하시는 것이 너무 즐거우셨는지 무려 2시간을 이야기하셨다. 집에서는 아무도 본인 이야기를 들어 주는 사람이 없었는데 너무나 고맙다는 것이다. 그러면서 잠시 안방에 다녀오시더니 봉투를 건네 주셨다. 5만 원이었다. 그 당시 거의 나의 반 달치 용돈이었다. 그때 처음 알았다. '듣는 건 돈이다.'라는 것을.

경청이 나에게 더욱 강한 힘을 발휘한 일이 있었다. 학교 다닐 때 정말 아름다운 여자 후배가 있었다. 대단히 우아하고 늘씬한데다가 눈이 정말 예쁜 후배였다. 그 후배를 좋아했지만 불행히도 그녀에게는 잘생기고 돈 많은 남자친구가 있었다. 난 그 당시 그렇게 멋있지도 돈이 많지도 않았다. 내가 그녀에게 해줄 수 있는 것은 오직 그녀의 이야기를 밝은 표정으로 들어주는 것이었다. 그때 난 오랜 훈련으로 듣는 것에 자신이 있었다. 지금 솔직하게 이야기하지만 다른 생각하면서 표정만 열심히 듣는 척 한 적이 많았다. 지금도 그렇지만 다른 생각하면서 들어도 전혀 티가 나지 않을 자신이 있다.

어느 날 그녀가 나에게 이렇게 이야기했다. "오빠랑 이야기하면 대화가 잘 통해요." 난 듣기만 할 뿐 별로 이야기한 적이 없었다. 여자들에게 대화가 잘 통한다는 것은 본인의 이야기를 잘 들어준다는 의미라는 것을 그때 처음 알았다. 결국, 오랜 경청의 노력 끝에 결국 그 후배가 지금의 나의 아내가 되었다. 내 말이 맞았다. 습관은 운명을 바꾼다. 경청의 습관을 통해 지금의 아내를 만났기 때문에 습관은 운명을 바꾼다는 말에 동의한다. 마흔이 넘었지만 내 아내는 여전히 나의 눈에 아름답다.

만약 지금 당장 호감을 불러일으키고 싶다면 경청하는 태도를 습관으로 받아들여야 한다. 가장 강력하고 효과적인 호감을 높이는 능력은 바로 경청이다. 이런 말이 있다. "입은 닫고 지갑을 열어라." 정말 멋진 이야기이다. 가장 비호감인 사람은 단언컨대 "입만 열고 지갑은 닫는 사람이다." 여전히 주위에 너무 많이 존재한다. 지갑을 열 용기가 없다면 입을 닫고 귀를 열면 된다. 상대방은 당신에 대한 호감이 높아질 것이고 자연스럽게 당신을 위해 지갑을 열 것이다.

경청의 태도에서 영혼 없이 무미건조한 리액션은 오히려 독이다. 리액션은 온몸으로 하는 것이다. 거짓이 아닌 온몸으로 리액션하는 방법은 진정으로 상대방에게 호기심을 갖는 일이다. 세상은 넓고 배울 건 많다. 특히 사람을 통해 배울 수 있는 것은 무척 많다.

지금 당신의 앞에 있는 사람과 대화하며 호기심을 끌고 와 물어보고 경청하는 리액션을 취하자. 리액션형 호감은 바로 당신의 것이다. 귀를 열고 사람의 입을 즐겁게 해줘라.

LAW 21

사람과 사람을 연결해주는 인맥왕

8. 마당발형 호감

세계적으로 알려진 인물 중 '인맥 비즈니스'를 하지 않고 성공한 인물이 딱 한 명 있다고 한다. 그는 누굴 만나기보다 자기 세계에 푹 빠져 자신의 작품에만 몰두했다. 정신이상이 생겨 자신의 귀까지 잘라버리는 등 이상한 행동을 한다. 그가 살아생전 성공했던 비즈니스는 그림 1점 판 것이 전부다. 그리고 동생의 도움으로 겨우겨우 연명하다 37세에 세상을 떠난다. 바로 네덜란드 화가 빈센트 반 고흐다. 살아있을 때 이름 없는 화가였지만 죽은 뒤에 세계적인 인물로 등극한다. 그가 바로 인맥 비즈니스를 하지 않고 세계적으로 알려진 유일한 인물이다.

반 고흐와 비교되는 인물이 '게르니카', '아비뇽의 처녀들' 등으로 유명한 피카소다. 피카소는 예술가이면서 고객과 고객을 연결해주는 인맥 사업가이기도 했다. 피카소를 잇는 팝 아티스트 앤디 워홀 역시 '팩토리'라는 인맥 파티 장소를 만들어놓고 유명인들과 교류했다. 교류가 늘어날수록 앤디 워홀의 몸값은 가파르게 올라갔다.

"당신이 '누굴 알고 있느냐'에 모든 것이 달려 있다. 그들이 사업 기회를 가지고 처음 연락하는 사람이 당신이 되도록 노력하라."

한때 출판시장에 투자 열풍을 일으킨 로버트 기요사키의《부자 아빠 가난한 아빠》내용 중 일부다. 사업을 하며 실력은 기본이고 내가 누굴 알고 있느냐가 얼마나 중요한지 매번 느낀다. 소위 말하는 '관계'의 중요성이다. 그래서 20~30대는 실력을 쌓고, 40대 이후에는 사람을 챙기라는 조언을 CEO 모임에서 듣는다. 연장선으로 사람에게 호감 사는 방법 중 하나가 그 사람에게 필요한 사람을 소개해주는 일이다. 만약 호감을 사고 싶은 상대에게 제대로 된 관계를 연결해준다면 호감은 급속히 상승한다.

과거와 비교하면 바뀌고 있다지만 아직 인맥에 관한 부정적인 이미지가 많다. 비리나 부정부패 사건에 인맥과 관련한 사건이 많아서 그럴 것이다. 여기에 조금만 생각을 바꿔보자. 인맥을 활용한 불법적인 이윤추구는 처벌받아야 하지만, 인맥을 자산으로 본다면 적극적으로 활용해야 할 도구다. 자신에게 인맥이라는 자산이 있는데 활용하지 못하는 것 역시 답답한 행동이다. 호감을 살 때도 마찬가지다. 내 주변 사람이 내가 소개해준 사람에 의해 일을 성공시킨다면 나 역시 좋은 일 아니겠는가.

누구에게 누굴 소개시켜준다는 건 굉장한 모험이다. 소개 관계가 어긋나면 소개받는 당사자는 물론 소개해준 사람까지 호감이 떨어진다. 그래서 신경 쓰지 않으려면 소개를 하지 말아야 한다. 그렇지만 모든 일은 사람이 하기 때문에 잘 연결해준다면 호감은 급상승한다. 즉, 위험부담이 큰 만큼 호감도 역시 올라간다고 할 수 있다.

지인 중에도 마당발이 있다. 마당발이라 해서 여기저기 다 돌아다니며 눈도장 찍는 사람은 아니다. 그 역시 시간과 비용에 한계가 있어서 세심한 배려로 마당발이 된다.

한 가지 예로 교육 분야에 영향력 있는 인물이 세미나를 연다고 초청을 받으면 교육업에 종사하는 사람에게 전화를 걸어 같이 가자고 한다. 세미나가 끝나면 초청해준 사람과 같이 간 사람을 인사시킨다. 보통 사람들은 여기서 끝난다. 하지만 그는 날짜를 잡아 카페에서 두 사람을 연결해준다. 세미나에 와준 고마움 때문에 바쁘더라도 시간을 내준다. 잠깐 인사한 한 번의 만남과 세미나를 참석해준 마음의 빚이 있는 두 번째 만남은 차원이 다르다. 그가 사람을 연결하는 방법은 비슷하다. 마음의 빚을 지게 하고 다시 연결해주는 방법이다. 그리고 영향력 있는 사람을 연결해준 지인에 대한 호감 역시 올라간다.

지인은 30년 넘게 사람과 사람을 연결해준 일을 한 사람이다. 나름의 감(感)이 있는 사람이다. 보통 사람이 시도할 때 서로 간의 성향을 잘 봐야 한다. 그 사람의 직위나 재산, 지적 수준만 보고 소개해준다면 낭패를 보기 쉽다. 나이를 떠나 서로가 잘 어울리는 사람을 보면 성향이 잘 맞기 때문이다.

나 역시 사람과 사람을 연결할 때 이 점에서 어려움을 느낀다. 만약 소개를 해 줬는데 서로 성향이 맞지 않는다면 낭패다. 그러면 서로가 코드를 맞추기 위해 어떻게 해야 할까? 가장 좋은 방법은 시간을 두고 오랫동안 지켜보는 일이다. 하지만 쉽지 않다. 시간을 줄이면서 좋은 인연을 만드는 방법을 경험으로 익혔다.

첫 번째, 언어 습관의 공통점이 있다.

언어 습관 중 자주 사용하는 단어나 속도를 보면 두 사람의 성향을 볼 수 있다. 특히 말의 속도를 보는 편이다. 말이 빠른 사람은 빠른 말이 듣기 편하다. 정중하고 천천히 하는 말을 답답해한다. 말 안에 성향이 있다. 말 속도가 비슷한 사람끼리 연결하면 승률이 높다.

두 번째, 51%와 49% 조합이 필요하다.

연결해 줄 때 한쪽이 부족한 면이 있어야 한다. 즉, 한 명이 스승이나 멘토가 되어야 한다. 둘 다 배우겠다는 자세로 연결하면 할 말이 없다. 한쪽은 이야기를 풀어내고 다른 쪽은 경청해야 한다. 그 조합이 51%와 49%의 조합이다. 경력이든, 실력이든, 나이든 적정 조합을 찾아 멘토와 멘티 관계를 연결하면 된다. 여기서 중요한 건 가르치고 배우면서 성장할 수 있도록 배정해야 한다. 정말 순진무구하고 아무것도 모르는 사람을 연결한다면 멘토가 피곤해질 수 있다.

두 가지를 설명했지만 사실 직관이 많이 쓰이기 때문에 글로 설명하기 어려운 부분도 있다. 누구나 직관이 있기 때문에 자신의 직관을 믿고 사람을 소개해보자. 경험이 쌓이면 사람관계를 통해 호감을 살 수 있다.

모든 일은 사람이 이룬다. 그래서 사람과 사람을 연결하는 일은 중요하며 나도 새로운 사람들을 꾸준히 소개받아야 할 필요성을 느낀다. 강의할 때면 '필요한 사람', '소개받고 싶은 사람'이 있다면 정확히 요청하라고 말한다. 모두가 바쁜 세상에 내가 누굴 필요로 하는지 사람들은 정확히 알기 어렵다. 도움 요청을 부끄러워 말자. 돈을 빌리는 것도 아닌데 창피할 필요가 없는 것이다.

당신의 호감을 이용하여 사람 간의 연결을 적극적으로 추진하는 스타일이라면 당신은 마당발형 호감을 가지고 있다. 또한, 사람들을 연결하는 과정에서 내 운명이 바뀔 수도 있다. 나의 운명을 바꿔 줄 키맨이 언제, 어디서 나타날지는 아무도 모르기 때문이다.

LAW 22

나대지 않고 뒤에서 사람들을 지원해 준다

9. 세계평화주의형 호감

이런 유형의 사람을 만나면 항상 마음이 편하다. 큰 욕심이 없어 보이고 남들처럼 시끄럽지도 않다. 그냥 착하고 선한 호감형이다. 각박한 세상에 이런 호감형도 반드시 필요하다. 다들 앞장서서 뭔가 하려고 할 때 조용하게 사람들을 지원해 주는 스타일이다. 항상 평화로운 세상을 원하는 듯 조용히 미소 짓는 부류의 호감형이 우리 주위에 존재한다.

성격 급하고 욕심 많은 내 눈에는 가끔 이해되지 않지만 그래도 좋은 사람이라는 생각이 든다. 분명 이런 유형의 사람들 덕분에 큰 전쟁 나지 않고 나름대로 평화를 유지하는 것 같다. 가끔 주위 사람들이 "너무 천하태평한 것 아니냐." 또는 "욕심 좀 가져."라고 핀잔을 주기도 하지만 천성이 마음대로 바뀌지는 않는 듯하다.

하지만 그냥 순하기만 하고 그저 착하기만 해 보인다면 호감형이 될 수 없다. 그렇기만 하다면 무미건조하고 박력 없는 사람으로 보일 뿐이다. 세계평화주의형 호감의 가장 큰 특징은 본인의 업무에 있어서는 결코 평화주의자가 아니라는 것이다. 나름대로 일에 대해서는 완벽을 추구하며 전문성을 가지고 있다. 그래서 일과는 별개로 만났을 때의 평화주의자적인 모습이 반전매력으로 다가오는 것이다. 선해 보이지만 결코 무시할 수 없는 고수다운 아우라가 있는 것이다.

한때 보험설계사를 한 적이 있었다. 워낙 욕심이 많고 승부근성이 컸던 터라 실적은 지점에서 항상 1등이었다. 그렇게 오래 하지는 않았지만, 평생 도움이 되는 인생의 밑천이 되는 좋은 경험이었다. 3개월 뒤에 들어온 동갑내기 친구가 있었다. 인상도 워낙 좋은 데다가 인성도 무척 좋은 겉보기에는 순둥이처럼 느껴지는 처음부터 호감 가는 친구였다. 처음에는 그다지 좋은 실적을 보이지는 못했다. 그저 좋은 사람일 뿐 대단한 사람은 아니라는 편견을 가졌던 것이 사실이다. 하지만 정말 성실하게 일하는 친구였다. 1년이 지나자 엄청난 판매 실적을 내면서 스타의 자리로 올라섰다. 난 본사로 자리로 옮겨 근무하면서 가끔 그 친구를 사석에서 만났는데 최고의 판매 신공(神功)이라는 느낌은 온데간데없고 그냥 평화주의자 그 자체였다. 저 순한 성격에 어떻게 공격적으로 세일즈를 잘할 수 있을까 라는 생각이 들 정도로 강력한 반전매력의 소유자였다.

개인적으로 슈바이처 박사를 존경한다. 훌륭한 의사였지만 평생을 아프리카를 위해 헌신한 위대한 사람이다. 의사로서 전문가였지만 인간적으로는 그냥 평화주의자 그 자체였다고 한다. 어려운 환경 속에서도 소신을 지키며 원자폭탄 실험에 적극적으로 항의하였으며, 1952년 노벨 평화상을 수상하였다. 그는 아프리카에서 병원을 지을 때 손수 벽돌을 쌓는 등 허드렛일을 도맡아 했다고 한다. 그런 슈바이처 박사를 흑인 청년 한 명이 물끄러미 쳐다보고 있었다.

슈바이처 박사: 그냥 서 있지 말고 같이 일을 합시다.

청년: 안 됩니다. 저는 공부를 한 사람입니다. 그런 노동은 안 합니다.

슈파이처 박사: 하하하, 나도 학생시절에는 그런 말을 했소. 그러나 공부를 많이 한 후엔 지금처럼 아무 일이나 한다오.

누가 이러한 슈바이처 박사를 존경하지 않을 수 있을까? 일반적으로 전문가적인 면을 통해 사람들로부터 존경을 얻게 되고, 인간적인 면을 통해 사람들로부터 호감을 얻게 된다. 세계평화주의형 호감은 사람들로부터 호감은 물론 존경까지 받는 가장 이상적인 호감형이라고 할 수 있다.

솔직히 고백하면 나 같은 사람은 결코 될 수 없다. 물론 평화주의자이긴 하지만 뒤에서 누군가를 일방적으로 지원해 주지는 못하기 때문이다. 앞장서기 좋아하고 또는 그렇게 조용한 성격이 아니라면 세계평화주의자형 호감은 컨셉에 맞지 않다.

만약 조용한 성격이고 누군가를 지원하고 지지해 주기 좋아하는 사람이라면 세계평화주의자형 호감을 추천하고 싶다. 사람들에게 질리지 않고 오래 가는 엄청난 장점이 있기 때문이다. 단, 전문성을 높여야 한다. 전문성 없는 평화주의자는 그저 무난해 보이는 선한 사람 정도로 보일 뿐이다. 착하기만 한 사람을 좋아하기는 하지만 한 인간으로 존경하거나 그 사람에게 큰 매력을 느끼지는 않는다.

사적 친분이 있는 형님이 있다. 워낙 착해 보이기도 하고 남에게 피해를 주지 않으려는 강한 자존심이 있는 사람이다. 종교관도 뚜렷하여 다소 '선한 사람' 징크스가 있는 듯이 보이는 사람이다. 워낙 좋은 사람이라서 참 뭐라고 말하기는 힘들지만 솔직하게 그냥 맹맹한 느낌이다. 그냥 그분이 몸담고 있는 분야의 전문적인 이야기라도 흥미를 가질 수 있을 것 같은데 그런 이야기조차 벅차하는 것 같다.

한편 내가 좋아하는 '윤석일 작가' 이야기를 조금 하고 싶다. 함께 책까지 펴낸 나에게 운명(運命) 같은 사람이다. 그는 정말 선(善)하다. 솔직하게 그렇게 재미있는 스타일은 아니다. 그런데 진짜 세계평화주의자형 호감에 걸맞은 인물이다. 글을 정말 잘 쓰고 그 분야에서는 최고의 전문가이다. 내 입장에서는 여러 가지로 큰 도움을 받는다. 그냥 이야기만 들어도 많은 자극이 되고 생각을 많이 하게 된다. 그러면서도 인간적으로도 너무 편하다. 함께 있으면 평화로운 느낌마저 든다. 어떠한 상황에서도 항상 나를 지지해 주기까지 한다. 그래서 내가 정말 좋아한다. 그의 인간성(星)이 그의 전문성(星)을 더욱 빛나게 한다.

LAW 23

문제가 생기면 항상 찾게 된다

10 . 문제해결형 호감

오래전 영화지만 〈홍반장〉이라는 영화가 떠 오른다. 어디선가 무슨 일이 생기면 틀림없이 나타난다. 그리고 문제를 명쾌하게 해결해준다. 문제를 겪는 당사자는 힘들어 보이는 문제를 해결해주는 '홍반장'은 그냥 담담하고 쉽게 일을 처리하는 것처럼 보인다. 그 모습이 정말 멋있다.

"싸움도 잘하고, 요리도 잘하고, 노래도 잘 부르고……. 이 남자 생각보다 괜찮은 구석이 있다. 무엇이든지 척척 알아서 잘하는 이 남자에게 왠지 자꾸자꾸 시선이 간다."

이런 친구가 주위에 있다면 나 역시도 행복할 것 같다. 솔직하게 요즘 세상에 찾기 쉬운 유형은 아니다. 개인주의가 만연한 현대 사회에서는 더욱더 그 개체 수가 줄어드는 것처럼 보인다. 그만큼 세상은 많이 삭막해지고 있다. 지구상에서 점점 사라져가는 무척 아쉬운 유형의 생명체이다.

인생은 문제의 연속이다. 황당한 생각이지만 '내가 문제해결을 위해 이 땅에 태어났나?'라는 고민을 하곤 한다. 그런 문제들을 누군가가 함께 고민해 주고 함께 해결해주기 위해 노력해 준다면 정말 감사할 일이다. 문제를 매번 혼자 해결해야 하는 상황에 처한다고 생각하니 참 비참한 감정이 든다.

그래서 평범한 많은 사람은 어쩔 수 없이 점쟁이를 찾는다. 문제해결을 위한 엄청난 정답을 찾기 위해서라기보다는 그저 삶에 위로를 받기 위함일 것이다. 아마도 점쟁이들조차도 인생이 고단하면 다른 점쟁이들을 찾을지도 모른다. 그 점쟁이들이 친구, 동료 또는 가족이 될 수도 있다.

삶은 우리의 노력에 비해 그렇게 완벽할 수 없으며 인간은 생각보다 무척 나약하다. 어쩌면 인간의 불완전함을 인정하고 나약함을 받아들이는 순간 인생은 훨씬 평온할 수 있다. 나 역시도 이 개념을 받아들이는 순간 삶이 좀 더 편안해졌다.

점쟁이들이 당신의 문제를 잘 해결해준다는 느낌이 드는 이유는 두 가지 때문이라고 볼 수 있다. 생각보다 간단하다.

첫 번째는 당신의 이야기를 잘 들어 주기 때문이다. 생각해보라. 그 누군가가 당신의 이야기를 정말 진지하고 정성스럽게 경청해 준 적이 있는지. 아마도 점쟁이에게 돈을 지불하는 것은 아무도 관심 없는 나의 삶에 대해 진지하게 이야기를 들어주는 대가일지도 모른다.

두 번째는 점쟁이들은 일반적으로 상대방의 마음을 읽는 듯한 감정이 들게 하는 콜드리딩(Cold Reading)이라는 방법을 쓰기 때문이다. 콜드리딩이란 처음보는 상대방의 마음을 읽고 상대방에게 신뢰를 주고 자신이 원하는 대로 대화의 방향을 이끌어가는 것을 말한다.

실제로 훈련만 하면 그렇게 어렵지는 않다. 왜냐하면, 당신이 점쟁이를 찾는 이유는 딱 4가지이기 때문이다. 첫째는 돈이고, 둘째는 건강이며, 셋째는 사람이다. 사람은 사랑, 건강, 가족, 결혼 등이 포함되는 정말 포괄적인 단어이다. 마지막은 미래이다. 점쟁이는 많은 경험과 훈련으로 당신의 표정, 태도, 옷차림 그리고 약간의 대화로 찾아온 이유를 맞출 수 있다. 점쟁이는 당신의 행색을 보고 이렇게 이야기한다.

"미래에 대한 고민이 많으시네요."

우리는 깜짝 놀라며 이런 말이 튀어나온다.

"어떻게 아셨어요? 그러면 앞으로 어떻게 해야 하나요?"

문제해결형 호감이 다소 어렵게 들릴 수도 있지만 그저 진지하게 상대방의 이야기를 들어주고 어느 정도 따뜻한 조언 정도만 줄 수 있으면 충분하다. 점쟁이가 하는 것처럼 말이다.

군대 이야기를 썩 좋아하지는 않지만 군 복무할 때 정말 완벽해 보이는 고참이 있었다. 명문대 출신에 정말 성격 좋아 보이는 사람이었다. 군 생활이 많이 힘들었던 터라 여유 있어 보이는 그 고참이 무척 부러웠다. 개인적으로 대화를 많이 나누었다. 내 이야기를 많이 들어 주었는데 그것만으로도 무척 고마웠다. 힘든 군 생활 속에 남들 이야기를 정성껏 들어 주는 것이 신기할 정도로 사람들의 문제해결에 관심을 가져주는 멋진 사람이었다. 물론 고의는 아니었지만 그가 적은 메모에 큰 충격을 받았다. 기억은 정확하게 나지 않지만 '나는 완벽한 사람이다. 사람들이 나에게 절대적으로 충성하기를 바란다.'와 같은 내용이었다. 어린 나이에 드는 생각은 순수함보다는 욕망에 의해 사람들에 잘 해준다는 생각이 들었다.

지금 생각해보면 결코 잘못된 생각이나 행동이라 생각하지 않는다. 그 사람의 행위가 선하기 때문이다. 우리는 명예욕이라든지 존경받고 싶은 욕구를 나쁘게 생각하는 경향이 있다. 절대 그렇지 않다. 명예욕은 현명하게 삶에 적용될 수만 있다면 인간의 건전하고 건설적인 욕구이다. 그런 욕망을 깎아내리는 태도 자체가 잘못 되었다고 생각한다. 그 사람이 의도가 어떻든지 타인의 어려움을 해결해 주고 문제해결에 도움을 준다면 일차적으로 좋은 사람이다.

진짜 나쁜 사람은 말만 번듯하고 행동은 없는 사람이다. 굳이 찾으려 하지 않아도 주위에 너무나 많이 산재해 있다. 호감의 유무를 떠나 그냥 별 볼 일 없는 사람이다. 직장에서는 많지 않지만 사업을 하다 보면 정말 많이 겪게 된다.

많은 사람이 천성이 착한 사람이지만 환경에 의해 또는 만나는 주위 사람들로부터 나쁜 영향을 받아 나쁜 짓을 한 사람이라며 좋게 포장하곤 한다. 개인적으로 동의하지 않는다.

행위가 나쁘면 나쁜 것이다. 그 사람의 감정이나 의도가 어떻든 타인의 문제해결에 관여하여 관심을 가져주고 시간과 노력을 할애해주는 사람은 좋은 사람이며 호감 가는 사람이다.

만약 당신 자신이 욕심이 많고 명예욕이나 정치적인 성취 의도가 강한 사람이라고 판단된다면, 그리고 천진난만하거나 순수한 사람이라고 생각되지 않는다면 냉정하게 문제해결형 호감이 되길 추천한다.

능력이 뛰어나기 때문에 누군가를 수월하게 도와줄 수 있고 남을 도와 문제를 해결해준다면 성향에 상관없이 큰 만족감을 느낄 수 있기 때문이다. 기본적으로 남을 돕는다는 것은 정말 의미 있는 일이다. 어쩌면 하나의 인간으로서 남을 돕는다는 것은 삶에 있어서 가장 가치 있고 멋진 일이라고 확신한다.

PART 4

호감을 만드는 마인드 리셋 Keyword 8가지

LAW 24

분위기를 장악하라

1. 긍정성

사람은 분위기에 따라 천차만별로 행동한다. 평소 도도하고 차분한 사람도 시위현장에 있다면 자신도 모르게 시위대에 휩쓸려 행동하기 시작한다. 단순 이성친구인데도 야구장 키스타임에 걸리고 관객들이 키스하라고 외치면 진짜 키스를 한다. 이처럼 우리는 성격과 감정, 관계와 상관없이 분위기에 따라 행동이 변한다.

이런 사실을 간파한 철학자 니체는 "개인에게서 광기를 찾아보기는 힘들다. 그러나 집단, 당파, 민족, 시대 등에는 거의 예외 없이 광기가 존재한다."라고 말했다. 광기를 일으키는 건 다름 아닌 분위기다. 호감 역시 분위기에 따라 달라지는 법이다. 분위기를 긍정적으로 만든다면 상대에게 호감을 쉽게 살 수 있다.

호감을 산다는 건 상대에게 긍정적인 영향을 준다는 뜻이며 분위기에 따라 많은 것이 변한다. 컬럼비아 대학의 한 연구진이 협상 실험을 했다. 사전에 분위기가 긍정적인 협상자는 협력적인 태도를 취하고, 사전에 분위기가 부정적인 협상자는 비협력적인 태도를 취한다는 연구결과를 내놓았다. 연구진은 협상에 앞서 참가자들에게 다음과 같은 정보를 전달하여 한 집단에는 긍정적인 분위기를 다른 집단에는 부정적인 분위기를 유도했다.

긍정적인 정보: 산불이 발생했는데, 때마침 집과 반대 방향으로 강풍이 불어 일가족 다섯 명이 살 수 있었다는 이야기
부정적인 정보: 산불이 발생하여 일가족 다섯 명이 숨졌다는 이야기

협상자는 이러한 정보를 들은 후 가상의 협상 게임에 참여하게 되는 것이다. 실험결과 긍정적인 분위기를 유도 받은 집단은 77%가 상대와 협력하는 전략을 선택했고, 경쟁해서 상대에게 손해를 입히는 전략을 선택한 경우는 23%에 불과했다.

반면 부정적인 분위기를 유도 받은 집단은 46%만이 서로 협력하는 전략을 선택했으며, 54%는 상대에게 경쟁을 통해 상대방에게 피해를 주는 전략을 선택했다. 결국, 사전 분위기에 따라 많은 것이 바뀐다는 사실을 기억해야 한다.

강의할 때 특히 초반 분위기가 정말 중요하다. 그래서 강의 초반에 부정적인 분위기를 긍정적인 분위기로 바꾸려는 노력을 많이 한다. 나의 강의를 듣는 청중은 이러한 능력에 대해 인정해 준다. 특히 기업 강의를 가다 보면 자진해서 듣는 직장인들보다는 의무적으로

수강해야 하는 경우가 더 많다.

처음에 가면 다들 서먹서먹한데 지루함을 예상해서인지 표정이 대체로 어둡다. 팔짱을 끼고 자세는 뒤로 한껏 젖히고 있으며 입꼬리는 턱밑까지 내려와 있다. 그리고 눈빛으로 이렇게 이야기한다. "강사 양반, 한번 잘 떠들어 보슈. 난 알아서 잘 쉬고 있을 테니 날 괴롭히면 안 됩니다." 이러한 부정적인 분위기를 초반에 긍정적으로 바꾸지 못한다면 하루가 힘들어진다. 아무리 좋은 내용이라도 부정적인 분위기에서는 시끄럽게 떠들어 대는 소음으로 들릴 뿐이다.

그렇다면 이러한 상황에서 교육 참여자들의 부정적인 분위기를 긍정적으로 바꾸는 최고의 기술은 무엇인가? 바로 밝은 에너지와 미소이다. 학습참여자들은 초반에 강사가 전달하는 밝은 에너지와 미소로 인해 금세 긍정적인 분위기로 전환된다.

물론 쉽게 할 수 없는 영역이다. 엄청난 경험과 노력이 필요하다. 어설프게 했다가는 부정적인 분위기를 넘어 강단에서 지옥을 경험할 수도 있기 때문이다. 강의뿐만 아니라 세일즈, 광고, 정치, 연애 등 많은 분야에서 우리는 호감이 필요하다. 이를 위해 훈련해야 하고 '호감을 위한 습관'을 길러야 한다.

호감을 높이기 위해서는 가능하면 긍정적인 화제를 골라 협력적인 분위기를 만들어야 한다. 진지하지 말고 가벼워지라는 이야기가 절대 아니다. 어떤 사람은 긍정적인 단어들을 선택하여 진지하지만 분위기를 긍정적으로 유도하고 어떤 사람은 부정적인 단어들을 선택하여 겉으로는 유쾌해 보이지만 부정적인 분위기를 유도하기도 한다.

이해가 쉽지 않겠지만 사실이다. 특히, 상담할 때 이러한 사전 분위기가 중요한데 상담의 결과에 큰 영향을 미치기 때문이다. 언론에서는 주로 어두운 소식을 다루게 되는데 그런 이야기들은 가능하면 피할수록 좋다. 상대방이 부정적인 소식으로 말문을 시작하더라도 긍정적인 결말로 끝맺으려는 노력이 필요하다. 다시 한번 강조하지만 어떻게든 긍정적인 분위기로 전환하려는 노력이 중요하다.

:: 긍정적인 단어의 선택 훈련 ::

부정적인 관점	긍정적인 관점
간사한	센스 있는, 애교 있는
아부하는	사교적인, 붙임성이 있는
고집불통	주관이 뚜렷한
독재적인	소신 있는, 리더십이 강한
공격적인	개척자적인, 능동적인
수다스러운	말 잘하는, 달변가
차가운	침착한, 이상적인
거만한	포부가 큰, 자신만만한
신경질적인	섬세한, 감성이 풍부한
편파적인	소속감이 강한
경솔한	행동가적인, 솔직한
게으른	느긋한, 여유 있는
이기적인	현실적인, 자기관리가 뚜렷한

물론 부정적인 단어들도 필요하다. 하지만 부정적인 단어들을 훈련할 필요는 없다. 우리는 본능적으로 그리고 학습에 의해 부정적인 단어들을 주로 쓰게 된다. 긍정적인 단어들은 훈련이 필요하다. 호감을 높이기 위해서는 반드시 긍정적인 단어 사용을 통해 긍정적인 분위기로 바꿀 수 있는 기술이 필요하다.

단어의 긍정성 말고도 화제 선택을 미리 고민하는 방법도 있다. 비즈니스 이야기로 들어가기 전 분위기를 올려주는 스몰토크를 말하는 것이다. 회의 전 시작하자마자 본론에 들어가는 경우는 거의 없다.

일정하게 분위기를 올려주는 스몰토크를 하는데 주제에 따라 비즈니스 결과는 천차만별이다. 그렇다고 뻔한 날씨 이야기만 한다면 밋밋한 분위기로 이어진다.

이 점을 일찍 간파했던 《잡담이 능력이다》의 저자 사이토 다카시는 "자신이 강하게 살아남기 위한 힘인 동시에, 그 힘은 주위 사람들을 살리는 힘이기도 하다. 누군가와 이야기를 하는 것만으로 사람은 구원받고, 누군가 이야기를 들어주는 것만으로 사람은 치유된다."라고 했다. 긍정적인 분위기를 만들어가는 스몰토크가 사람을 살리는 방법이라고 한 것이다.

본인은 남을 부추기는 거짓말을 못 하며 항상 객관적인 시각을 가지고 있다고 매사에 부정적인 말을 쏟아내는 사람들이 있다. 그런 사람들 주변에는 사람이 많이 모이지 않는다. 가끔 객관적이고 냉정한 평가를 받아야 할 상황도 있지만 사람은 기본적으로 긍정적인 사람을 좋아한다. 밝은 주제와 긍정적 단어를 사용하여 호감을 높이는 방향으로 태도를 다소 수정할 필요가 있다. 당신의 긍정성으로 분위기를 장악하라.

LAW 25

자주 보면 호감이 간다

2. 친숙함

모든 첫 만남에는 설렘과 긴장이 공존한다. 전혀 만난 적이 없는 사람과 여러 번 만난 사람이 있다고 한다면 우리가 마음의 문을 열기 쉬운 쪽은 이미 여러 번 본 사람일 것이다. 첫 만남에서는 서로 어떤 사람인지 모르기 때문에 서로 긴장하기 마련이다. 자주 보고 이야기를 나누면서 그 사람에 대해 알게 되고 자연스럽게 마음을 열게 된다.

방문 판매원이라면 방문 횟수를 늘릴수록 계약을 따내기 쉽다는 것을 경험적으로 알고 있을 것이다. 잠재 고객 입장에서도 일 년에 한 번 방문하는 가정보다는 두 주에 한 번 정도 방문하는 가정이 자신에게 친절하게 대할 것이다. 단순히 접촉하는 횟수가 늘 뿐만 아니라 상대에 대한 호감도가 늘기 때문이다.

개인적으로 최근 가수 룰라의 이상민 씨에게 이러한 느낌을 받는다. 솔직하게 예전에는 그렇게 호감 가는 연예인은 아니었다. 주로 케이블 TV에서나 보게 되는 한물간 연예인 정도이지 대중에게 영향을 주는 주류 연예인이라는 생각을 갖지 못했다. 하지만 지금은 나에게 무척 호감 가는 주류 연예인이 되었다. 빚을 성실하게 갚으려는 이미지도 한몫했지만 다양한 프로그램에 출연하여 나의 눈에 노출된 효과가 그의 이미지를 호감으로 바꾸었다고 생각한다. 그의 진지하고 의리 있는 태도에 큰 박수를 보낸다.

북 일리노이의 그러쉬 박사는 여러 단어를 학생들에게 보여주고 단어에 대한 호감도를 조사했다. 단어를 보여주는 시간은 1회에 2.5초였지만 보여주는 횟수는 0회에서 25회까지 다양했다. 실험결과 단어에 대해서 보여주는 횟수를 늘릴수록 "나는 이 단어를 좋아한다."라는 대답이 늘었다. 사람뿐만 아니라 단어도 보면 볼수록 호감도가 상승하는 것이다.

첫 만남부터 호감을 일으킬 수만 있다면 정말 좋겠지만 쉽지 않다. 처음에 다소 실수를 하여 첫인상이 좋지 않을 수 있다고 해도 만회할 기회는 충분하다. 인간은 자주 보면 대체로 상대에게 호감을 느낄 수밖에 없기 때문에 꾸준히 접촉할 수 있는 기회를 갖는 것이 중요하다.

처음에는 비호감인 연예인도 방송을 통해 계속 보다 보면 좋아지는 경우도 드물지 않다. 인간은 계속해서 상대가 눈에 들어오게 되면 그 대상에 대해 본능적인 애착을 느끼게 된다. 첫 대면에서 자신의 매력을 충분히 전달하지 못해도 괜찮다. 빈번하게 상대와 만나려고 노력한다면 언젠가 상대는 반드시 당신을 좋아하게 될 것이고 좋은 기회들이 올 것이기 때문이다.

서울 시내 한 기업의 건물에는 정기적으로 시 문구를 걸어 놓는 것으로 유명하다. 가끔은 다음 시 문구가 기대된다. 언젠가 이런 문구가 걸려 있었던 것이 기억난다.

"자세히 보아야 예쁘다. 오래 보아야 사랑스럽다. 너도 그렇다."

누구든지 자꾸 보아야 사랑스러워진다. 프랑스의 명물 에펠탑도 처음에는 사람들에게 혐오스럽고 흉측한 존재였다. 하지만 자꾸 보니 사랑스러워진 것이다. 이 에펠탑 효과는 단순노출효과(Mere Exposure Effect)라는 의미인데 로버트 자이언스라는 심리학자가 처음 사용했다. '대상에 대한 의도적인 인식 없이도 노출의 빈도에 따라 그 대상에 대하여 호감이 생길 수 있다는 이론'이다.

사람에게도 적용된다. 어떤 사람을 자주 보기만 해도 그 사람에게 호감을 가질 수 있게 된다는 뜻이다. 1889년 3월 31일, 프랑스 파리에서 프랑스 대혁명 100주년을 기념하기 위해 에펠탑을 세우기로 했다. 탑을 세우기 위해 건립계획과 설계도가 발표되었을 때 파리의 예술가들과 시민들은 에펠탑 건립을 결사적으로 반대하기 시작했다. 대문호인 '기 드 모파상'도 에펠탑이 세워지면 파리를 떠나겠다고 이야기할 정도였다. 어쩔 수 없이 정부는 예술가들과 시민들을 설득했다. 일단 세워놓고 나중에 철거하기로 한 것이다. 그리고 나중에 철거하려고 했더니 다시금 반대가 일어났다. 철거하지 말라는 것이다.

왜 사람들의 마음이 바뀐 것인가?

지금의 에펠탑은 천박한 흉물이 아니다. 프랑스 사람들이 가장 자랑스럽게 생각하는 파리의 명물이다. 처음에는 눈엣가시처럼 싫었다고 한다. 파리 시민들은 어쩔 수 없이 시내 한복판에 세워진 탑을 보아야 했고 신기하게도 오랫동안 보니 정이 들고 점점 에펠탑을 좋아하게 된 것이다.

그래서 처음에는 싫어하거나 무관심했지만 자주 보니 정이 들고 좋아지는 현상을 에펠탑 효과라고 한다. 이 효과를 상업적으로 가장 잘 이용하고 있는 것이 광고이다. 광고를 계속적으로 반복해서 보게 되면 자기도 모르게 그 상품을 선호하게 된다.

우리가 잘 아는 영어 표현에 'Out of Sight, Out of Mind'라는 것이 있다. 눈에서 멀어지면 마음도 멀어진다는 것이다. 인간은 자꾸 봐야지 그 사람에 대해 관심도 가고 호감도 간다. 멀리 있고 자주 못 보면 마음이 멀어지는 것이 인지상정(人之常情)이다.

'유츠프라카치아'라는 식물이 있다. 아프리카 말로 '사람의 영혼을 가진 식물'이라는 뜻을 가지고 있다. 아프리카 깊은 밀림에서 공기 중의 소량의 물과 햇빛으로만 사는 음지식물과의 하나이다. 신들의 꽃, 결벽증 꽃, 애정결핍증 등의 별명을 가지고 있기도 하다. 결벽증이 강하여 지나가는 생물체가 조금이라도 몸을 건드리면 그날부터 시름시름 앓다 결국엔 죽고 만다.

이 식물을 연구하던 박사는 어쩔 수 없이 이 식물을 아주 많이 죽게 만들었다. 오랜 연구 끝에 박사는 이 식물이 어제 건드렸던 그 사람이 내일도 모레도 계속해서 건드려 주면 죽지 않는 것을 알게 되었다. 그 식물은 누군가 한번만 만지면 시들해져 죽어버리지만, 한번 만진 사람이 계속해서 애정을 가지고 매일 만져주면 계속 살아갈 수 있는 식물이 된다. 결벽증 강한 식물조차도 자주 보는 사람의 따뜻한 손길은 잊지 못하는 것 같다.

이러한 법칙은 연애에도 적용된다. 연애 전문가들은 상대의 호감을 끌어내기 위해서 우선 자주 눈에 띄어야 한다고 조언한다. 상대가 볼 수 있는 시각 안에 자주 모습이 걸쳐야 한다는 것이다. 자꾸 눈에 띄면 관심이 가기 마련이다.

우연을 가장하여 자주 마주친다면 상대로 운명이라 생각하며 사랑에 빠질 수 있다. 자주 보이던 사람이 갑자기 안 보이면 그 사람이 갑자기 궁금해지기 시작하고 감정적으로 혼란에 빠지기도 한다. 그때 다시 예전과 다른 좀 더 멋진 모습으로 상대 앞에 나타난다면 상대는 사랑이라는 운명 앞에 무릎을 꿇게 된다.

대부분의 사람이 사랑에 빠지는 대상은 매우 가까운 곳에 있다. 처음부터 연애할 생각으로 상대를 만나지 않는다. 단지 학교 선후배, 회사 동료, 동호회 회원, 교회 형제자매님으로 처음 시작할 뿐이다. 자꾸 보게 되면 호감이 생긴다. 더 알고 싶어지고 그래서 사랑에 빠지게 되는 것이다.

과거 영업을 할 때 욕심만큼 성과가 나지 않았다. 고객에게 정말 필요한 상품인데도 고객은 관심이 없었다. 이유를 알 수 없었다. 고심 끝에 내 욕심을 버리기로 했다. 고객들에게 편안히 전화를 걸고 지나는 길에 만나서 커피 한잔 마시고 이런저런 잡담을 나누었다. 나를 많이 노출한 것이다. 3개월 정도 시간이 지나니 고객이 먼저 상품문의를 해왔다. 훗날 알았지만 고객들은 상품보다 나에 대한 관심으로 상품을 구매하게 되었다. 노출효과인 셈이다.

우리는 다른 사람과 함께 살아가야 한다. 호감 역시 함께 살아가는 데 필요하다. 혼자 살 수 있다면 남에 대한 배려나 잦은 만남, 친절은 필요치 않다. 서로가 서로를 만나야 함께 살 수 있고 거기에는 다양한 기술이 필요하다. 잦은 만남도 기술 중 하나다.

호감은 하늘 위에서 그냥 뚝 떨어지는 선물이 아니다. 친숙함 역시 시간이라는 비용을 지불해야 한다. 함께 살아가기 위해, 호감을 얻기 위해 시간이라는 비용을 기꺼이 지불하자.

LAW 26

감동은 매너에서 나온다

3. 배려심

경영에도 트렌드가 있다. 소비자가 원하는 트렌드에 맞춰 경영도 바뀐다는 뜻이다. 과거 공급이 부족한 시기에 제품을 빨리 생산하는 일이 트렌드였다면 1990년대 들어와 고객감동경영이 트렌드가 되었고, 지금 고객감동을 포함한 다양한 경영트렌드를 볼 수 있다.

기업의 지상과제는 수익창출이며, 수익은 고객에게 나온다. 이 때문에 고객이 감동하면 자동으로 지갑을 열게 된다. 호감도 그렇다. 상대가 나에게 감동한다면 기꺼이 호감을 보이고 내가 원하는 방향으로 상대를 움직일 수 있다. 그러면 호감 줄 때 감동을 주는 방법은 무엇일까? 바로 매너이며, 매너는 배려에서 나온다.

매너의 나라로 알려진 영국. 영국에는 "Manners makes Man." 이란 말이 있다. 얼마 전 한 유명 영화의 핵심 대사로 쓰인 이후 한국 사회에서도 자주 사용되는 말이 되었다. 예전에 홀로 영국 배낭여행 갔을 때 하루에도 'Sorry'와 'Thank you'를 백 번 정도는 들은 것 같다. 나도 습관이 되어 한국에서 얼마간 'Sorry'를 입에 달고 살았는데, 시간이 지나자 원래 한국식으로 돌아갔다. 다행스러운 것은 한국도 예전에 비해 공중매너가 매우 발전했다는 것이다. 줄도 무척 잘 서고 특히 뒷사람을 위해 열린 문이 닫히지 않게 잘 잡아준다.

개인 대 개인이 만날 때도 마찬가지다. 과거에 비해 교육 수준이 올라가면서 배려를 중시하는 것 같다. 전화 매너, 방문 매너, 비즈니스 매너 등 곳곳에서 매너를 볼 수 있다. 상대방에 대한 배려가 그만큼 늘어난 것이다.

역사상 배려를 가장 강조한 인물은 유학의 원조인 공자일 것이다. "예가 아니면 보지 말고, 예가 아니면 듣지 말고, 예가 아니면 행하지 말라.", "예의의 실천은 자기를 낮추는 것이다.", "용기는 있으나 예절이 없다면 결국 혼란이 온다." 등 배려에 대한 많은 말을 남겼다. 공자가 왕을 교육하는 최고의 자리까지 올라갈 수 있었던 이유는 배려가 한몫했을 것이다. 그만큼 배려는 상대는 물론 나에게도 여러 가지 장점이 있다.

대한민국 사회는 여전히 유교적 문화가 강하게 지배하고 있다. 여전히 예의(禮儀)를 중시하는 사회이다. 예의 없는 사람들을 뒷전에서는 '상놈'이라고 비하하기도 한다. 배려심의 핵심은 예의를 지키는 것이며, 상대방을 먼저 생각하는 태도이다.

하지만 배려심이란 눈곱만큼도 없이 행동하는 무례한 자들이 너무나 많이 존재한다. 기업 오너가 직원에게 무례하게 굴기도 하고 프랜차이즈 본사가 가맹점주에게 무례하게 굴기도 한다. 손님이 나이 어린 직원에게 무례하게 구는 것은 다반사이고, 젊은 담당자가 나이 많은 거래처 사장에게 무례하게 구는 것도 자주 목격된다. 지금까지 사회적으로 너무나 관대하게 통용되었던 일명 '갑질', 즉 '사회적 무례함'은 당장 사라져야 한다. 어떤 경우라도 인간이 다른 인간을 무례하게 대하거나 함부로 대하는 것은 악(惡)한 것이다.

"무례함은 약한 인간이 강한 인간을 모방할 때 나타난다."

엘리 호퍼의 말이다. 단언컨대 인간의 무례함은 인간의 나약함과 동의어이다. 무례한 행동을 하는 것은 본인이 보잘것없는 사람이라는 것을 공개적으로 티를 내는 것과 같다. 그래서 무례한 행동을 한 사람을 보면 기분도 나쁘지만, 한편으로 측은하기도 하다. 얼마나 못났으면 저럴까 하며 안타까워하기도 한다.

과거 상사 또는 연장자가 무례한 행동을 하면 넘어갔지만, 권위주의가 무너진 지금은 아니다. 오히려 나약함을 티 내는 행동으로 생각하거나 적극적으로 대항한다. 마찰이 있다면 적극적인 방법을 찾아 해결해야지 배려 없이 행동하면 지금은 통하지 않는다. 그만큼 매너, 배려가 보편화된 것이다.

배려의 기본은 역지사지의 마음이다. 상대방 입장을 먼저 생각해야 한다. 사람들은 생각지도 못한 배려를 받으면 배려를 한 상대에 대해 큰 호감을 느낀다. 상대방 입장을 뛰어넘는 세심한 배려와 행동은 평소의 습관에서 나온다. 호감을 받겠다고 갑작스럽게 친절하고 배려하면 오히려 어색하다. 차츰 배려를 늘리는 방법이 좋다. 우선 겸허한 마음으로 자신이 부족한 배려나 매너를 찾아 보강하자. 갑작스러운 변화는 저항이 있으니 천천히 변화하는 자신을 응원할 필요가 있다.

'배려'하면 누구에게나 떠오르는 인물은 바로 국민 MC 유재석이다. 실제로 그와 함께 일하는 대부분의 사람은 그의 배려에 큰 감동을 받는다고 한다. 그는 대한민국 국민의 호감을 독차지하는 인물이다. 오랫동안 그가 영향력을 유지할 수 있었던 것은 실력과 근성뿐만 아니라 상대방에 대한 배려 덕분이라고 생각된다. 아마도 오랜 무명시절을 겪은 터라 지금의 자리를 만들어 준 주위 사람들과 팬들에 대한 감사함이 배려로 표현되는 것 같다.

그는 정말 겸손한 사람이다. 그의 배려를 본받을 수만 있다면 우리도 상대방의 호감을 끌어당길 수 있고 오랫동안 좋은 운을 유지할 수 있으리라 확신한다. 유재석의 배려를 높이는 10가지 소통 방법을 알아보자.

1. 앞에서 할 수 없는 말은 뒤에서도 하지 마라. 뒷말이 가장 나쁘다.
2. 말을 독점하면 적이 많아진다. 적게 말하고 많이 들어라. 들을수록 내 편이 많아진다.

3. 목소리의 톤이 높아질수록 뜻은 왜곡된다. 흥분하지 마라. 낮은 목소리가 힘이 있다.
4. 귀를 훔치지 말고 가슴을 흔드는 말을 하라. 듣기 좋은 소리보다 마음에 남는 말을 하라.
5. 내가 하고 싶어 하는 말보다 상대방이 듣고 싶은 말을 하라. 하기 쉬운 말보다 알아듣기 쉽게 이야기하라.
6. 칭찬에 발이 달렸다면 험담에는 날개가 달려있다. 나의 말은 반드시 전달된다. 허물은 덮어주고 칭찬은 자주 하라.
7. 뻔한 이야기보다 펀(Fun)한 이야기를 하라. 디즈니만큼 재미나게 하라.
8. 말을 혀로만 하지 말고 눈과 표정으로 말하라. 비언어적 요소가 언어적 요소보다 더 힘이 있다.
9. 입술의 30초가 마음의 30년이 된다. 나의 말 한마디가 누군가의 인생을 바꿀 수 있다.
10. 혀를 다스리는 건 나이지만 내뱉어진 말은 나를 다스린다. 함부로 말하지 말고 한번 말한 것은 책임져라.

아무리 밉고 정이 안 가는 사람이라도 자신을 배려하고 있다는 느낌을 받으면 마음의 문을 열 수 있다. 호감을 얻고 싶은 사람이 있다면 상대를 뛰어넘는 감동을 주고 배려한다면 호감을 받을 수 있을 것이다.

LAW 27

화려한 미사여구를 이기는 힘

4. 진솔함

상대와 빠르게 친해지는 방법 중 하나가 '자기 공개'다. 말 그대로 내가 누구인지 밝히는 일이다. 만약 자기 공개할 때 진솔하지 않고 거짓을 하거나 과장되게 말하면 호감은 크게 떨어진다. 반대로 예상치 못한 자기 공개를 한다면 호감은 더욱더 올라간다.

여전히 경연 프로그램이 큰 인기를 얻고 있다. 일반인이 출연해 노래나 춤, 끼를 발산하고 시청자가 직접 투표해 우승자를 선정한다. 이 프로에서 우승자에게 꼭 필요한 것이 있다. 바로 특이한 과거다. 멋진 실력을 보여주고 진행자가 과거를 물으면 대부분 특별한 과거가 있었다. 그리고 과거에 대해 진솔하게 이야기하는 모습에 많은 시청자의 눈물샘을 자극한다.

한 참가자가 '넬라판타지아'를 부르고 진행자가 과거를 묻자 아버지, 어머니도 모르고 노숙하며 노래를 배웠다는 진솔한 이야기에 하루아침에 스타가 된 사람도 있다. 사실 자신의 슬픈 과거를 당당히 드러내는 건 쉬운 일이 아니다. 진솔함은 모두를 무장 해제시키고 호감을 쌓게 하는 무기이다.

사람은 모두 마음속에 자기만의 세상을 가지고 있다. 가끔은 본인의 진정한 모습을 들키기라도 할까 봐 두려워한다. 인간은 누구나 마음속에 자신을 지키려는 보수적인 방어본능이 존재한다. 그래서 진솔함은 자신의 딱딱한 껍데기를 깨려는 자신감이며 용기이다.

여기서 정말 중요한 사실이 있다. 진솔함이 남에 대한 태도나 인격을 향해서는 안 된다는 것이다. 진솔함이라는 탈을 쓴 냉정한 인간 비평가가 되어서는 안 된다는 뜻이다. 인간 비평가는 어떤 경우에서든지 호감 가는 사람이 될 수 없다. 솔직함은 나에 대한 이야기로 한정되어야 한다.

인간 비평가들의 특징은 자신에 대해서는 절대 냉정하게 비판하지 않는다는 것이다. 본인은 비평할 게 없는 완벽한 사람이며 모든 것들을 아는 것처럼 행동한다. 개인적으로 정말 싫어하는 유형이며 우리 주위에 여전히 많이 존재한다. 그런 사람들과 함께 있으면 너무나 불편하다.

나도 단점투성이의 불완전한 인간이라는 점을 인정하지만 그런 사람들의 이야기를 듣고 있노라면 나의 존재가 더욱 허약해진다. 진솔함의 대상은 오직 나를 향한 것이 되어야 하며 남을 향한 것이 되면 안 된다. 한편 진정성(眞情性)이라는 말도 이젠 식상하다. 다행히 요즘 많이 쓰지 않는다. 단어 사용이 한 때 너무 난무하여서 마치 '의도적으로 진실되게 보이려는 노력'의 뜻으로 느껴진다. 아마도 정치가들이 너무 사용해서 그런 느낌이 드는 것 같다.

문명화가 이루어지면서 인간은 사회적 가면을 쓰고 살기 시작했다. 우리는 이것을 '페르소나'라고 말한다. 페르소나는 그리스 어원의 '가면'을 나타내는 말로 '외적 인격' 또는 '가면을 쓴 인격'을 뜻한다. 페르소나(persona)는 스위스 출신의 정신과 의사 카를 구스타프 융(Carl Gustav Jung)이 분석심리학적 관점에서 내놓은 개념이다. 사회에서 요구하는 도덕, 질서, 의무 등을 따르는 것이라 하며, 자신의 본성을 감추거나 다스리기 위한 것이다.

사회적 가면이 반드시 나쁘다고 생각하지는 않는다. 생존을 위해서는 본인의 모습을 포장할 수 있어야 하며, 경우에 따라서는 원하는 이미지로 보이기 위해 연기도 해야 한다.

진솔함은 자신의 페르소나를 잠시 벗어 버리는 것이다. 상대방이 아닌 나를 보여주는 것이다. 오래전 오랜만에 전 직장 상사를 만나 대화를 하고 있었다. 나는 내가 실수했던 경험들을 자주 이야기하는 편인데 사람들은 그것을 무척 좋아한다. 그분이 나에게 이야기했다.

"사람들은 본인의 단점이나 실수담을 잘 이야기하지 않는데 신 대표는 그런 이야기들을 자주 하는 것이 신기하네. 인간적인 모습이 상대방을 편하게 해주는 것 같아."

진솔함이란 인간적인 모습을 보여주는 것이다. 물론 시도 때도 없이 인간적인 모습을 보여 줄 필요는 없다. 그것 역시 상대방에게는 부담될 수 있다. 호감을 높이는 진솔함이란 가끔 평소와 다른 인간적인 면을 보여주는 것이다.

한 인간에게 매력을 느끼는 이유는 바로 평소와는 다른 모습 때문이다. 한 가지 모습만 일관되게 보여주면 상대방은 지루해진다. 가끔은 변화무쌍할 필요가 있다. 대단히 업무적으로 전문적이고 논리적인데 인간적으로는 허당처럼 보이는 것, 대단히 착하고 선한 것 같은데 일할 때 강단 있고 추진력 있어 보이는 것, 무표정일 때 차가워 보이는데 미소 지을 때 천사처럼 따뜻해 보이는 것 등 일명 '반전매력'은 엄청난 호감을 일으킨다. 특히 당신이 전문성이 높아 권위를 가지고 있거나 본인의 분야에서 유명세를 떨칠 때 인간적인 반전매력은 호감을 극대화한다.

강사로 대중 앞에 섰을 때 청중들이 가장 좋아하는 이야기는 나의 실패담이다. 사람들은 강사는 뭔가 특별한 것이 있고, 자신들과 다른 사람이라고 생각한다. 그때 똑같은 경험을 가지고 있고 똑같은 고민을 가지고 있다는 점에 청중들이 마음을 활짝 연다.

가난한 어린 시절의 이야기, 사업으로 크게 실패한 이야기, 부장으로 젊은 나이에 명예퇴직한 이야기 등 유쾌하지만은 않은 나의 인생의 흑역사에 대해서 유난히 사람들은 열광한다. 멋진 성공 스토리보다는 아내랑 싸운 이야기, 직원들 때문에 힘든 이야기, 자녀

와의 갈등 등 인생의 소소한 인생사에 관심을 귀 기울이기도 한다.

당신의 높은 수준의 전문성과 함께 진솔한 인간미도 함께 보여라. 당신의 전문성에는 본능적으로 질투를 느끼겠지만 인간미에는 본능적으로 호감을 가질 것이다. 결국, 호감을 통해 당신의 전문적 가치는 더욱 높아 보일 것이다. 진솔함에서 중요한 건 상대의 진솔함을 말하게끔 배려해야 한다. 나만 과거가 있는 건 아니다. 상대의 진솔함을 끌어온다면 둘만의 비밀이 생길 수도 있고 호감은 더욱 늘어난다. 우선 나부터 진솔하게 공개하라.

계속되는 화려한 미사여구가 사람을 지치게 만들기도 한다. 하지만 자기를 내려놓는 진솔함은 미사여구를 이길 수 있다. 자기 공개를 통한 진솔함, 그리고 거짓이 없는 모습으로 상대에게 호감을 주어라.

LAW 28

지루함을 잊게 하는 반전매력

5. 낯섦

앞서 언급했듯이 분명 친숙함은 최초에 호감도를 높이는 가장 중요한 요소이다. 하지만 친숙함에도 분명 위험 요소는 존재한다. 바로 지루함이다. 특히 요즘 사람들은 지루함에 대해 인내심이 없다. 업무에 지루함을 느껴 직장을 쉽게 그만두기도 하고, 새롭게 시작한 취미도 금방 싫증을 느껴 고급 과정이 되기 전에 다른 취미로 갈아탄다.

어쩌면 휴식 시간은 지루하게 보내는 것이 당연하지만 휴식의 지루함을 참지 못해 스마트폰을 달고 산다. 예전보다는 확실히 타인, 즉 사람들에게도 쉽게 지루함을 느끼는 듯하다. 인간관계에도 무슨 유통기한이 설정되어 있는 것 같은 느낌이 든다.

지루함은 호감도와는 거리가 멀다. 그래서 우리는 항상 똑같은 모습을 보여서는 안 된다. 뭔가 나의 일반적인 이미지와는 다른 반전매력이 필요하다.

한 결혼 정보 회사에서 이성에 대한 반전매력을 조사한 적이 있다. 미혼 남녀 10명 중 9명은 반전매력을 가진 이성에게 끌린다고 했다. 평소에 느껴지는 매력도 좋지만 가끔 보여주는 반전매력에 대부분이 호감을 느낀다는 것이다. 가끔은 내 안에 봉인해 두었던 또 다른 나의 매력을 어필할 필요가 있는 것이다.

남성들이 선호하는 여성의 반전매력은 일반 남자들의 예상과 정확하게 맞아떨어진다. '귀여운 얼굴에 섹시한 몸매', '낮에는 얌전하나 밤에는 달라지는 모습', '무뚝뚝하지만 친해지면 넘치는 애교' 등을 꼽았다. 그렇다면 여성들이 좋아하는 반전매력은 무엇일까? 여성들과는 다르게 '모범생 타입이지만 재치 넘치는 입담', '학창시절 놀았을 것 같지만 얌전하고 예의 바른 태도' 등이 주요 답변이었다.

연애 전문가들은 너무나 익숙한 모습을 계속 유지할 경우 이성에 대한 호감도가 시간이 지날수록 크게 떨어질 수 있다고 한다. 그래서 가끔은 낯설게 하기 또는 모호하게 하기 등의 호감 전략이 필요하다고 한다. 나 역시도 '이러한 기술들을 결혼 전에 알았더라면 많은 여성으로부터 더 큰 관심을 받았을 텐데.'라는 생각이 들 뿐이다. 난 그저 진솔하고 변하지 않는 인간다운 모습이 연애의 전부라는 바보 같은 생각을 했었다.

아일랜드 출신의 작가 오스카 와일드는 문학을 통해서도 대중들의 사랑을 받았지만, 실제 삶 속에서도 사람들로부터 큰 호감을 얻은 것으로 유명하다. 그는 "여자는 이해받기 위해 만들어진 것이 아니라 사랑받기 위해 만들어진 것이다."라는 명언으로 유명한데 정말 여자를 잘 이해하고 있었기에 여성들로부터 많은 사랑을 받았다.

그의 대중적 호감도는 단순히 그의 성격에서 비롯된 것이 아니라고 한다. 그의 호감은 철저하게 계산된 것이었다. 문학이라는 구체적인 매개체를 통해 그를 파악할 수 있으리라고 생각하면 큰 오산이다. 그는 의식적으로 대중 앞에 있을 때는 기묘하면서도 모호한 분위기를 연출했다. 원래 따뜻하고 시원스러운 본성과는 다르게 즉흥 연설 등을 통하여 다소 혼란스럽고 불편한 듯이 보이도록 노력했다. 이를 통해 신비하고 모호한 이미지를 계속적으로 유지했고 대중들은 싫증을 느낄 틈이 없었다고 한다.

또한, 나도 가끔은 낯설게 하기를 전략적으로 이용한다. 자주 사람들을 만나게 되는데 처음에는 대체로 전문적인 모습을 보이려고 노력한다. 한참을 말하다 보면 서로 간에 신뢰가 쌓인 듯한 느낌이 들게 된다. 이때가 되면 천진난만한 소년 같은 모습을 보여준다.

반대로 상대방이 나를 너무 편하게 생각하여 다소 함부로 하거나 나를 쉽게 생각한다는 느낌이 들면 사무적인 모습으로 거리감을 느끼게 만든다. 분명 효과가 있다. 대부분의 사람은 태도가 너무 분명하고 시종일관 똑같다. 성격이 시원하고 분명한 사람을 만나면 처음에는 끌릴지 몰라도 시간이 흐를수록 호감도가 사그라지는 경우도 종종 발생한다. 상대를 끌어당기는 전술이 부족하기 때문이다.

가끔은 당신의 반전매력으로 질리지 않는 호감도를 유지하라. 순진무구하다고 생각하는 순간 야수같이 터프한 모습을, 장난기가 많다고 생각하는 순간 진지해 보이는 눈빛을, 뻔뻔하다고 생각하는 순간 다소 수줍어하는 모습을, 대단히 지적이라고 생각하는 순간 제멋대로의 소년 같은 모습을 보여라.

이때 태도의 변화는 상대가 겨우 알아차릴 수 있을 정도로 미묘해야 한다. 태도 변화가 너무 심하면 조울증이 심한 사람으로 비쳐 불편해 보일 수 있기 때문이다.

빠져들 수밖에 없는 당신의 가장 큰 반전매력은 무엇인가?

LAW 29

언제든지 떠날 수 있음을 어필한다

6. 긴장감

호감의 궁극적인 목적은 유혹이다. 유혹은 구애의 기술을 말하는데, 구애가 오직 사랑만을 구하는 게 아니다. 상품이나 아이디어를 판매하거나 강사처럼 자신의 지식이나 신념, 심지어 가치관을 팔기 위해 환심을 사는 모든 게 유혹이다. 상대에게 호감을 사고 싶은 이유 역시 무언가 팔기 위해서다. 로버트 그린의 《유혹의 기술》에서는 유혹에 대해 이렇게 정의한다.

"의식을 우회해 무의식을 자극함으로써 상대를 자신이 원하는 대로 움직이는 것을 말한다. 한마디로 무의식을 자극할 수 있어야 유혹에 성공할 수 있다. 이유는 간단하다. 우리 주변에는 직접적인 메시지로 사람들의 관심을 끌려는 경우가 너무 많다. 하지만 정치성을 숨김없이 드러내거나 상대를 이용하려는 사람은 결코 원하는 것을 얻어 낼 수 없다. 그럴 경우에는 오히려 냉소적인 반응을 불러일으킬 뿐이다. 자신이 원하는 것을 솔직하게 내비치거나 자신의 속마음을 모두 보인 채 상대를 설득하려고 해서는 아무것도 얻을 수 없다. 사람들은 그런 사람을 귀찮게 여긴다."

무의식을 자극해야 유혹에 성공하고 이루려는 목적을 달성할 수 있다. 문제는 많은 사람이 호감을 얻기 위해 직접적인 선물 공세나 언어로 호감을 얻으려 할 뿐 무의식에 대한 중요성은 놓친다.

특히 상대방의 무의식이 알아서 발동해 나에게 호감을 느끼도록 해야 하는데 직접적인 의식만 자극할 뿐이다. 우리는 상대의 무의식이 알아서 작동하게끔 만드는 것 역시 익혀야 하는 호감의 기술이다. 그 방법 중 하나가 바로 긴장감 조성이다.

매력 있는 남성상도 유행이 있다. 대표적인 사례가 '나쁜 남자'가 아닐까 싶다. 한때 가수 비(정지훈)의 〈나쁜 남자〉라는 노래가 나오면서 사회 전반에 나쁜 남자 열풍이 불었다. 남자 연예인 중 몇 명은 나쁜 남자 색깔로 자신을 드러냈고, 드라마나 영화에서 나쁜 남자를 쉽게 볼 수 있었다. 얼마 후 나쁜 남자 유행이 지나자 마초남, 훈남, 뇌섹남 등 신조어로 매력 있는 남성상이 바뀌었다. 앞으로 어떤 매력이 유행할지 아무도 알 수 없다.

나쁜 남자는 훈남, 뇌섹남 등의 등장으로 유행이 지났지만, 나쁜 여자는 가장 인기 있는 여성상 중 하나로 급부상했다. 요즘 드라마나 영화에서 자주 등장하는 나쁜 여자가 남자들뿐만 아니라 여자들에게도 인기 있는 이유는 무엇일까? 아마도 소유할 수 없다는 매력과 일방적 착함이 지루함을 낳기 때문이 아닐까? 나쁜 여자야말로 상대에게 지루할 틈도 없이 끊임없는 긴장감을 요구한다. 긴장감은 상대를 서서히 물들이면서 어느 순간 호감을 느끼게 된다. 때에 따라 비이성적인 욕망으로 승화되는 경우도 볼 수 있다.

연애하거나 호감 살 때 경계해야 하는 것 중 하나가 지루함이다. 지루함은 평온함이 수없이 반복되었거나, 결과를 100% 알 수 있다면 지루해진다. 이때 필요한 게 바로 긴장감이다. 긴장감을 만드는 좋은 방법은 언제든지 떠날 수 있음을 어필하는 것이다.

영업사원 시절 이야기다. 당시 30대 초반으로 3억 원이 넘는 금융상품을 영업했다. 3억짜리 금융상품을 구매할 수 있는 주 고객은 50대 이상 사장들이다.

한 회사 사장님을 만났다. 첫 만남은 간단히 미팅으로 식사를 하며 이야기를 나누었다. 사장님은 나에게 호감을 느꼈는지 다음 만남 때 상품 정보를 자세히 달라고 했다. 신나는 마음으로 다음 미팅을 잡았다. 사장님은 미팅을 즐거워하고 있었지만 상품을 구매하겠다는 말은 없었다. 나에게 또 만나자며 다음 미팅날짜를 잡았다. 큰 금액이라 구매결정이 어려울 것으로 생각하고 기꺼이 다음 미팅날짜를 잡았다. 다음도 비슷했다. 만나고, 다음 날짜 잡고. 그렇게 5번 미팅을 했지만 구매하지 않았다.

곰곰이 생각해보니 사장님은 상품구매보다 젊은 나와 함께 있는 걸 좋아했던 것이다. 나를 좋아해 줘서 감사했으나 5번 미팅하며 버렸던 시간과 비용이 아쉬웠다. 이젠 나의 차례가 온 것이다. 6번째 만남 때도 다음 미팅을 요구하자 "이젠 결정을 해주십시오. 이 상품에 관심을 보이는 다른 고객이 있습니다."라고 말했다. 나도 '아니면 말고.'라는 심정이었다. 사장님은 잠시 생각하더니, 그러면 부인과 상의하게 이틀만 시간을 달라고 말했다. 이틀 후 구매의사를 밝혔다.

지금 돌아보니 10번 미팅이고, 100번 미팅이고 매일 부르면 오는 사람으로 비쳤다면 나를 말동무로 생각했을 것이다. 어리지만 나 역시 바쁘고 고객이 많다는 점을 어필하면서 긴장감을 준 덕에 계약으로 끌고 올 수 있었다고 생각한다. 그 후 내가 갑, 을 어떤 위치에 있든 언제든 떠날 수 있음을 고객들에게 어필했다. 즉, 긴장감을 조성해 유리한 분위기를 끌고 갔던 것이다.

호감을 사는 법 중 하나는 상대를 지루해하지 않게 해야 한다. 늘 즐거움과 감동을 주지만 때에 따라 긴장감을 줘서 지루함을 막을 수 있다. 그 좋은 방법이 언제든 떠날 수 있음을 어필하기다.

이 세상에 영원한 것이 있다고 생각해보자. 그것이 인생이라면 우리는 정말 지루하게 살 것이다. 영생이 있는데 무엇 하러 긴장하고 무엇 하러 과감하게 살려고 하겠는가. 언제든 떠날 수 있기에 인생은 소중하고 아껴야 하는 법이다.

상대에게 보이는 나도 마찬가지다. 언제든 손에 넣을 수 있다면 상대는 나를 소중히 대하기보다 가벼운 물건처럼 쓰일 수 있다. 그래서 안전장치처럼 떠날 수 있음을 어필해야 한다. 이 어필이 호감으로 변화된다.

호감을 사기 위해 언제든 떠날 수 있음을 이야기하면 "그렇다고 진짜 떠나라고 하면 어떻게 해야 하는가?"라는 반문이 들어온다. 충분히 그럴 만하다. 우선 나름 열심히 투자하고 노력했는데 떠나는 나를 거들떠보지 않는다면 과감히 벗어나자. 애초에 궁합이 맞지 않는 사람이다. 당신의 에너지만 빼앗길 뿐이다.

떠날 수 있음을 어필할 시점은 나에게 어느 정도 관심이나 호감을 보일 때 또는 차츰 나를 가볍고 쉬운 사람으로 생각할 때이다. 어쩌면 내게 필요한 것은 긴장감을 조성할 결정적 한 방이라 할 수 있다. 상대가 나에게 관심 있을 때조차 나는 떠날 수 있음을 어필하는 것이 중요하다는 점을 명심하라.

호감을 얻기 위해선 나의 선물 공세나 언어 서비스도 필요하지만, 때에 따라 상대의 무의식을 자극해 알아서 호감을 느끼게 해야 한다. 그 좋은 방법이 긴장감을 주는 일이다. 절대적으로 착하기만 한 사람은 상대에게 긴장감을 줄 수 없다. 그렇다고 너무나 지나친 냉대나 무관심을 보이면 상대가 달아날 수 있다.

떠날 수 있는 당신을 잡기 위해 상대가 먼저 당신의 호감을 사려고 할 수 있다.

LAW 30

본능적으로 비슷한 사람에게 호감을 느낀다

7. 동질성

"저랑 정말 비슷한 게 많으시네요."

평범하게 들릴지 모르겠지만 무척 무서운 말일 수 있다. 왜냐하면, 실제로 사기꾼이 초면에 가장 많이 쓰는 말이기 때문이다. 사기꾼이 사람의 마음을 움직일 때 첫 번째로 쓰는 방법이 동질성(공통점)을 파고드는 것이다. 상대방에게 비슷한 게 많은 사람이라는 느낌이 들게 하여 짧은 시간 안에 호감을 높이는 전략을 사용한다.

인간은 본능적으로 나와 비슷한 사람을 좋아한다. 특히 출신 지역, 출신 학교, 거주지, 취향, 취미, 과거의 경험, 지인, 전공, 나이 등의 공통점은 만남의 초반에 강력한 연대감을 느끼게 만든다. 솔직하게 나 역시도 필요한 상황에서는 공통점을 잘 파고든다. 그리고 대체로 상대방과의 공통점은 초반에 좋은 결과로 이끌어 준다.

의식적으로 상대방과의 공통점을 찾아내는 나 자신을 알면서 행동할 때도 있지만 상대방도 그리 싫어하지는 않는다. 내가 지금보다 훨씬 더 악한 사람이었다면 아마도 위대한 사기꾼이 될 수 있었을 것이다.

한번 동질성(공통점)을 찾아보는 훈련을 해보자. 조금 뜬금없지만 냉장고와 고양이의 공통점을 10가지 적어 보자. 공통점은 그냥 보이는 것이 아니라 찾는 것이다. 훈련이 필요하다. 내가 생각하는 몇 가지 답은 이 꼭지의 마지막에 적어 놓겠다.

1. ....
2. ....
3. ....
4. ....
5. ....
6. ....
7. ....
8. ....
9. ....
10. ....

아무래도 쉽지 않을 것이다. 재미있는 사실은 공통점을 찾는 것은 연습하면 늘게 되고 호감을 높이기 위한 좋은 습관이 될 수 있다. "고양이는 동물이고 냉장고는 기계인데, 동물은 생물이고 기계는 무생물이고, 이거 뭐가 공통점이야?"라고 생각이 든다면 하드 싱킹(Hard Thinking)을 하고 있는 것이다. 반면 호감 가는 사람들은 생각을 부드럽게 확장하는 소프트 싱킹(Soft Thinking)을 주로 사용한다.

하드 싱킹이 흑백논리 컴퓨터 기계라면, 소프트 싱킹은 아름다운 피아노 변주이다. 전자가 이성이라면, 후자는 감성이고, 전자가 좌뇌라면 후자는 우뇌이다. 소프트 싱킹은 은유적이고 확산적이며, 유머와 재미가 있다. 얼핏 모순돼 보이는 개념을 동시에 함축하기도 한다. 반면 하드 싱킹은 논리적이고 구체적이며 정확하지만, 시야가 좁고 상황이 달라지면 적용이 안 된다.

이 두 가지 방식은 망치와 못처럼 서로 대비되면서도 서로를 필요로 하며, 조화를 이루기도 한다. 업무에는 하드 싱킹을 우선적으로 인간관계에 있어서는 소프트 싱킹을 우선적으로 사용하기를 추천하고 싶다. 사람들과의 공통점을 찾고 유대감을 높이기 위해서는 소프트 싱킹을 해야 한다.

한 남성이 소개팅을 나갔는데 여성이 무척 마음에 든다. 카페에서 남자는 정중하게 묻는다. "차 뭐 좋아하세요? 뭐 주문해 드릴까요?"

여성이 대답한다. "저는 그냥 아이스 아메리카노 마실래요."

남자는 나름대로 실없는 유머를 담아 멋있는 척 말한다. "맹맹한 아이스커피 좋아하시는군요. 저는 아이스 캐러멜 헤이즐넛 마키아토에 더블샷 추가해서 주문하겠습니다."

확신컨대 소개팅은 그날로 끝이다. 지금 상황이 이해가 안 간다면 이 책 사서 읽기 잘한 것이다. 물론 소개팅 남성에게 다른 매력이 있다면 여성이 한번은 참고 넘어갈 것이다. 하지만 일반적으로 본인과 취향이 안 맞는 재미 없는 남자를 좋아하는 여성은 없다. 물론 사람마다 차이는 있겠지만 이런 상황에서는 일반적으로 답이 정해져 있다. 남성은 이렇게 말했어야 한다.

"와~ 아이스 아메리카노 좋아하세요? 저는 항상 아이스 아메리카노만 마셔요. 저랑 취향이 똑같으시네요. (카페 직원에게) 여기 아이스 아메리카노 두 잔 주세요."

여성도 자신에게 잘 보이려고 과장해서 말하는 것을 눈치채지만 공감대를 형성하려는 상대방의 노력에 호감을 보일 수밖에 없다.

한 여자 후배를 좋아하는 한 남자가 있다. 영화관람을 시작으로 사랑을 키우기 위해 편한 분위기에서 대화를 시작한다.

남: 너 혹시 영화 보는 거 좋아하지? (영화 좋아하지 않는 사람은 거의 없다.)

여: 네(Yes), 좋아해요.

남: 나도 좋아하는데. 너도 영화 주로 친구랑 보지 않니?

여: 네(Yes), 뭐 그렇죠. 다들 친구들이랑 영화 보는 걸 좋아하니깐요. 부담없고.(Yes)

남: 맞아. 너도 혹시 공포 빼고 영화 다 좋아하지?

여: 네(Yes)! 저 공포 진짜 싫어해요, 공포 빼고 멜로나 다른 장르는

다 좋아해요.(Yes)

남: 나도 공포영화는 별로더라구~ 그런데 영화관에서 팝콘이 왜 이렇게 땡기는지. 너도 그렇지?

여: 네(Yes)! 전 평소에 팝콘 별로 안 먹는데, 영화관에서만 그렇게 많이 먹게 되더라고요. 특히 콜라랑.

남: 맞아! 맞아! 진짜 특히 그 달콤한 팝콘! 너무 맛있어.

여: 맞아요(Yes). 먹고 싶다.

남: 그래? 그러면 다음에 나랑 재밌는 영화 보면서 달콤한 팝콘 먹으러 가면 되겠다.

여: 좋아요(Yes). 언제 보러 갈까요.

남자는 여자 후배와 영화 데이트에 성공한다. 여기서 그는 두 가지 설득의 기법을 사용하였다.

첫 번째는 앞에서 언급한 '콜드리딩(Cold Reading)' 기법이다. 상대방의 마음을 다 안다는 느낌으로 신뢰감을 주고 비슷한 취향을 가진 사람이라는 강한 공감대를 주는 것이다.

두 번째는 'Yes Set' 기법을 사용하여 계속 긍정적인 답이 나오도록 유도하는 것이다. 인간은 긍정적인 'Yes'를 계속적으로 대답하다가 마지막에 갑자기 'No'하기 어려운 감정을 느끼게 된다.

다시 강조하지만 상대방과의 공통점은 당신에 대한 초기 호감도에 강력한 영향을 미친다. 그 이유는 인간은 본래 이기적이어서 자기 자신을 너무 사랑하기 때문이다. 언젠가 TV 프로그램에서 실험한 것이 기억난다. 처음 보는 다섯 장의 이성 사진을 보여주고 가장 호감 가는 사람을 찾는 실험이었다. 사람들은 큰 고민 없이 마음에 드는 이성 사진을 선택하였다.

놀랍게도 대부분이 고른 호감형 이성은 제작진이 미리 만들어 놓은 본인의 모습을 이성으로 형상해 놓은 사진이었다. 다시 설명하면 남성을 여성의 모습으로 여성을 남성의 모습으로 합성해서 만든 본인의 사진을 선택한 것이다. 자기 자신을 그만큼 사랑한다는 증거이다.

누구든지 자신을 사랑하는 '나르시시즘'이 존재한다. '나르시시즘'은 물에 비친 자신의 모습에 반하여 자기와 같은 이름의 꽃인 나르키소스, 즉 수선화(水仙花)가 된 그리스 신화의 미소년 나르키소스와 연관지어, 독일의 정신과 의사 네케가 1899년에 만든 말이다.

예컨대 여성이 거울 앞에 오랫동안 서서 자신의 얼굴이 아름답다고 생각하며 흐뭇하게 바라보는 것은 이런 의미에서의 나르시시즘이다. 상대방의 '나르시시즘'을 인정하고 상대방과 비슷한 느낌을 연출하라. 상대방의 사랑과 호감을 얻을 수 있을 것이다.

냉장고와 고양이의 공통점_작가의 생각

1. 세 글자이다.

2. '고'라는 글씨가 포함된다.

3. 여성들이 선호한다.

4. 생선을 좋아한다. (고양이는 생선을 잘 먹으며 냉장고는 생선을 잘 보관한다.)

5. 빛이 난다. (고양이는 눈에서 빛이 나고 냉장고는 문을 열면 빛이 난다.)

6. 명품이 있다. (명예를 상징하는 샴고양이와 최고급 명품 냉장고)

7. 갖다 버리기도 한다. (도둑 고양이와 폐품 냉장고)

8. 꼬리가 있다. (냉장고의 전기줄을 꼬리로 표현)

9. 수명은 15년 정도로 비슷하다.

10. 혼자서도 잘 논다.

LAW 31

호감을 위한 필살기

8. 전문성

강사 세계에는 자극적인 마케팅을 통해 반짝이다 사라지는 강사가 참으로 많다. 일순간 뜨는 키워드를 잡고 활동하다 사라진다. 반대로 30년 넘게 강사 활동을 하는 선배들을 보면 발산하는 에너지 자체에서 기운이 느껴진다. 소위 말하는 아우라다. 한 분야에 30년 있었기에 느껴지는 아우라는 장난 아니다. 그리고 자동으로 호감이 간다. 오랜 세월을 이겨낸 존경스러움과 호감과 전문가라는 호감이 나를 끌어당긴다.

강사 말고도 유명 병원에는 유명 의사가 있다. 몇 달을 기다려야 만날 수 있는 의사도 있다고 한다. 유명 의사는 치료 이전에 진단을 정확히 내리는 사람이다. 진단이 있어야 치료 방법이 나오기 때문이다. 정확한 진단은 전문성을 바탕으로 한다. 결과적으로 사람들은 전문성 때문에 돈을 지불한다.

호감을 끌어올 때 전문성은 상당한 영향력을 미친다. 시간이 돈이라는 인식이 확산되면서 머뭇거리는 초보보다 일을 제대로 빨리 마무리해 줄 수 있는 전문가를 찾아간다. 그리고 전문성을 깨달으면서 호감을 느끼게 된다.

당신이 하는 일도 마찬가지다. 당신 어떤 일을 하고 있든, 당신의 일은 더할 나위 없이 중요하다. 날마다 나의 일에 가치를 부여하라. '나는 중요한 사람이다. 나는 자부심을 가지고 일을 한다.'라는 생각을 해야지, '나는 할 줄 아는 게 없어.', '나는 가정주부일 뿐이야.', '나는 겨우 작은 직장의 직원일 뿐인 걸 뭐.' 이런 생각은 금물이다. 본인의 직업에 대한 자신을 갖고 사회적인 시선에서 자유로워지는 것이 전문성의 출발이다.

자신이 하는 일에 확신을 가진 사람은 누가 봐도 다르다. 당신이 가진 일에 대한 진지한 태도를 주위 사람들에게 느끼게 하자. 당신이 자신의 일을 귀하게 여기면 동료, 가족, 고객도 당신의 일을 존중할 것이다. 스스로 기대 수준을 높이면 다른 사람들도 당신에게 갖는 기대 수준도 높아진다.

리츠 칼튼은 최고급 서비스로 유명한 세계적인 호텔이다. 이곳의 직원들이 훈련 과정에서 귀에 못이 박이도록 듣는 것이 바로 리츠 칼튼 기업의 모토이다. '우리는 신사 숙녀 여러분을 모시는 신사 숙녀들이다.' 리츠 칼튼의 직원들은 고객을 동등한 존재로 생각한다. 그만큼 자신의 일을 존중한다는 것이다. 자신의 일을 존중하고 자랑스럽게 여기는 직원들에게 고객들조차도 호감을 느낀다.

나의 일에 가치를 부여하고 존중하기 위해서는 어려운 일이더라도 이 일을 왜 하는지에 대하여 알아야 한다. 왜 하는지에 대해 알고 있고 의미를 부여할 수 있다면 그 일을 좀 더 오랫동안 할 수 있는 힘이 생긴다.

물론 돈 버는 것 자체가 쉬운 일도 아니고 항상 즐겁지 않다는 점을 알고 있다. 그렇다면 최소한 '감사하게도 이 일을 통해 내가 수입이 있고 먹고 살 수 있다.'라고 의미를 부여해야 한다(세계 사람들의 평균 수입에 비해 대한민국은 상당히 높다).

내가 처음 강의를 한다고 했을 때 소개로 만난 유명 강사가 있었다. 그분께서 나에게 너무나 황당한 과제를 주셨다. 지금 생각하면 말도 안 되는 것이었다. 강사가 되고 싶은 500가지 이유를 적어 오라는 것이었다. 처음에는 농담으로 생각했다. 지금도 그분이 진지하게 이야기한 것인지 아니면 그냥 시험 삼아 한 이야기인지 모르겠다.

아무튼, 난 강사가 되고 싶었고 500가지 이유를 써 오면 그분이 강사로서 많은 기회를 주시지 않을까 기대했다. 결국 500가지 이유를 모두 썼지만 그분과는 인연이 계속되지는 않았다. 그래도 나에게는 500가지 이유가 남았고 강사로서 나를 강하게 만들어 주었다.

가끔 강의 마무리에 청중들과 공유할 때가 있는데 큰 감동을 받는 눈빛을 볼 수 있다. 8년 동안 간직해 왔던 500가지 이유를 지금 일부 공개한다. 매우 낯간지럽고 말도 안 되는 이유 일색이지만 내가 이 일을 왜 하는지 강력하게 알게 해 준 기회였다. 500가지 이유를 꿈, 재능, 성공, 사람, 기회, 건강, 도전, 행복, 시간, 배움, 영향력, 인생, 일에 대한 매력의 13가지로 나누었다. 다음은 가장 중요하다고 판단되는 '영향력'과 관련한 강사가 되고 싶은 이유이다.

- 사람들에게 영향력을 줄 수 있는 사람이 되고 싶어서
- 사람들에게 감동을 전달하고 싶어서
- 강의를 통해 사람들을 감화시키고 싶어서
- 사람의 마음을 정복할 수 있는 좋은 기회이기 때문에
- 사람들을 인생의 큰 위험에서 보호할 수 있어서
- 사람들을 행동하도록 자극하고 싶어서
- 사람들의 마음을 움직일 수 있는 힘을 얻고 싶어서
- 사람들에게 좋은 습관을 가르칠 수 있어서
- 삶의 솔루션을 제안할 수 있어서
- 사람들에게 긍정적인 영향을 주고 또는 받기도 할 수 있기 때문에
- 상처받은 사람들에게 위안이 될 수 있는 기회이기 때문에
- 사람들의 마음을 움직일 수 있는 힘을 갖고 싶어서
- 사람들의 상처를 치료할 수 있어서
- 영혼을 울릴 수 있는 감동의 스토리를 전하고 싶어서
- 진리 탐구의 끝없는 욕구가 있기 때문에 강사로서 적합하다고 생각
- 강의를 통해 사람들의 재능을 열매 맺게 할 수 있어서
- 진리를 전파할 수 있는 직업이기 때문에

- 갈등 해결에 큰 도움을 줄 수 있어서
- 감동의 눈물을 전달하고 싶어서
- 고통받는 사람들에게 큰 희망을 줄 수 있는 기회이기 때문에
- 사람들의 아픈 마음을 회복시킬 수 있어서
- 사람들에게 용서하는 법을 알려 줄 수 있기 때문에
- 타인에게 긍정적인 힘을 전달하고 싶어서
- 사람들에게 희망을 전달하고 싶어서
- 냉정한 사람들의 마음을 녹일 수 있기 때문에
- 진실을 전달할 수 있는 직업이기 때문에
- 사람들에게 비전을 제시할 수 있기 때문에
- 사람들에게 긍정적인 자극을 줄 수 있기 때문에
- 삶의 무게를 감당하기 힘든 사람들을 돕고 싶어서
- 팀워크를 높여 줄 수 있기 때문에
- 파트너십을 높여 줄 수 있기 때문에
- 직장인들에게 직장생활에서의 가이드라인을 제안하고 싶어서
- 대학생들에게 인생 설계에 도움을 주고 싶어서
- 강의를 통한 자원봉사를 하고 싶어서
- 사람들에게 믿음을 주는 강사가 되고 싶어서
- 사람들이 나로 인해 웃을 때 큰 희열을 느끼게 되므로

난 강사 일을 왜 하는지 잘 알고 있다. 마냥 행복하기 때문도 아니고, 엄청난 돈을 벌기 위함도 아니고, 앞에 서는 것이 즐겁기만 한

것도 아니다.

내가 강사 일을 하는 이유는 사람들에게 '긍정적 영향력'을 줄 수 있기 때문이다. '긍정적 영향력'은 나의 존재 이유가 되었으며, 내가 운영하는 회사의 사업 철학이 되었다. 개인적으로 하는 행동과 사업적 결정에 있어서 가장 중요한 기준이 바로 사람들에게 '긍정적 영향'을 주느냐인 것이다.

전문성을 발휘할 때 주의할 점은 자랑만을 늘어놓는 팔불출이 되면 안 된다. 전문가라는 메시지는 분명히 남겨야 하지만 자랑을 늘어놓으면 비호감이 된다. 그리고 사람들은 전문가에게 도움의 손길을 구할 것이다. 그때 유감없이 당신의 능력을 발휘하라.

자기 필살기가 없다면 설 자리는 점점 줄어든다. 직업인으로서 그리고 호감을 얻는 노력을 통하여 당신의 전문성을 점검하고 또 점검하라.

PART 5

호감을 부르는 실전 전략 I

LAW 32

미소는 모든 무장 해제의 기본

"그날 나는 누군가에게 미소 짓기만 해도 베푸는 사람이 될 수 있다는 걸 배웠다. 그 후 세월이 흐르면서 따뜻한 말 한마디, 지지 의사표시 하나가 누군가에게는 고마운 선물이 될 수 있다는 걸 깨달았다. 내가 옆으로 조금만 움직이면 다른 사람이 앉을 수 있는 자리가 생긴다."

_마야 안젤루, 《딸에게 보내는 편지》

호감을 공부하고 알아야 하는 이유 중 하나가 우리 인생을 조금 더 나은 방향으로 이끌기 위해서다. 그래서 사람들은 인생 또는 세상을 사로잡는 호감에 큰 비밀이 있으리라 생각하며, 그 비밀을 알기 위해 여기저기 기웃거릴 때가 있다. 하지만 인간의 호감에 가장 큰 영향을 미치는 표정, 특히 미소에는 큰 관심이 없는 듯이 보인다.

실제 미소는 가장 강력한 호감을 위한 강펀치 한 방이다. 멋진 미소 하나가 인생을 성공으로 이끌어 간다는 사실은 머리로 아는 이는 많지만 정작 미소 짓는 일에는 인색한 것 같다.

한국의 대표 꽃미남 배우 원빈. 강원도 정선 광부의 아들로 태어나 카레이서를 꿈꿀 정도로 자동차를 좋아해 자동차정비기술을 배웠다. 동네 카센터에 취직해 일하던 어느 날 그의 밝은 미소를 보고 영화감독이 배우가 될 것을 권유했다. 미소 하나로 운명을 바꾼 사람이라 할 수 있다. 그만큼 미소는 호감을 끌어당긴다.

'자기계발을 개발한 사람'이라 불리는 데일 카네기 역시 자신이 참석한 파티를 통해 미소의 중요성을 강조했다. 초대받은 파티에서 어느 여성이 고가의 보석, 화려한 옷으로 자신을 꾸몄지만, 미소가 없어 자신도 모르게 비호감이 되었다고 고백했다. 고가의 보석, 화려한 옷도 이길 수 있는 것이 미소였던 것이다.

보석보다 강하고, 화려한 옷보다 매력적인 멋진 미소를 위해 지금 당장 거울을 보고 당신의 미소를 점검해 보기 바란다. 그 미소가 정말 호감을 일으키기에 충분한 미소인가? 일명 '썩소', 썩은 미소, 즉 억지로 짓는 미소 아니면 다행이다.

멋진 미소는 특히 나이를 먹을 수로 큰 빛을 발한다. 그 이유는 나이 먹을수록 미소에 대해 인색해지기 때문이다. 나이 먹으면 특별히 재미있는 일이 없기에 의식적으로 노력하지 않으면 입꼬리는 저절로 내려간다. 일부 중력의 영향도 작용하지 않나 상상해 본다.

특히나 한국 남자들은 더 심하다. 중장년의 한국 남자들은 많은 경험을 한 뒤라서 호기심이라고는 존재하지 않는다. 특별히 인생에 감탄할 것들도 없으니 표정은 무미건조해진다. 실제로 무미건조한

표정에 매력을 느껴 호감을 나타내는 경우는 거의 없다. 작은 일에 감탄하고 호기심이 많은 사람이 표정이 밝고 미소가 아름다울 수밖에 없다.

콜로라도 대학의 한 연구진이 상냥하게 웃으며 설득하는 장면을 찍은 영상과 동일한 인물이 화를 내는 표정을 하고 설득하는 영상을 제작하여 200여 명의 학생에게 시청토록 했다. 상냥하게 웃으며 다른 사람을 설득하는 영상을 본 학생들의 주된 답변은 "이 인물이 하는 말이 옳다.", "이 인물을 신뢰할 수 있다."였다. 단순히 미소 짓는 표정이 설득력을 높인 것이다.

반면 화를 내는 표정에 대한 신뢰도는 무척 낮게 나타났다. 호감이 가장 중요하게 사용되는 분야는 광고이다. 브랜드나 상품에 대한 호감도는 매출에 직접적인 영향을 미친다. 인지도는 무척 높은데 호감도가 떨어질 경우 매출도 함께 떨어진다. 초반에는 인지도가 중요하지만 결국 상품이 오래갈 수 있는 힘은 호감도이다.

그렇다면 상품의 호감도를 높이기 위해 광고에서 가장 중요하게 사용되는 것은 무엇일까? 상품에 대한 자세한 설명과 상품에 대한 멋진 비주얼. 아니다. 바로 사람들의 미소이다. 특히 젊고 유명한 연예인들의 아름다운 미소 하나면 그 상품의 호감도는 극대화된다. 모든 광고에 나오는 사람들의 표정을 눈여겨 보라. 다들 미소 짓고 환하게 웃고 있다.

이 책을 쓰기 위해 실제로 혼자 집에서 조사한 적이 있다. 호기심으로 했던 조사이니 이상한 사람으로 보지 않기를 바란다.

TV에 나오는 광고 100가지를 조사했다. 놀라운 사실은 98가지의 광고에서 사람들이 환하게 미소 짓거나 웃고 있었다. 웃지 않는 광고는 '상조' 광고 하나였으며, 다른 한 광고는 중공업전문 회사였는데 사람이 나오지 않았다. 아마도 유명 연예인들도 멋진 광고 영상을 위해 미소를 훈련하는 것으로 보인다.

외교 행사나 크고 민감하고 복잡한 협상의 경우 포커페이스를 유지하는 편이 좋은 경우도 있다. 하지만 우리는 인생에 있어서 이런 상황을 접할 경우가 많지 않다. 일상적인 경우라면 상냥하게 미소를 짓게 되면 호감이 높아져 상대방을 쉽게 설득할 수 있다. TV 광고처럼 말이다.

당신이 따뜻하게 미소를 짓고 있으면 상대도 반드시 기분이 좋아진다. 웃는 얼굴에는 전염 효과가 있어서 그 공간의 공기도 온화해지고 분위기도 즐거워지는 것을 느낄 수 있다. 당신이 무표정한 얼굴로 일관하면 어색한 분위기가 이어지게 되고 결과도 좋지 않다.

첫인상에 호감 가는 사람들의 특징을 잘 살펴보면 입꼬리가 살짝 올라가 있다. 미소 짓는 훈련이 잘 되어 있으면 누구를 만나든지 자연스럽게 입꼬리를 올릴 수 있는 것이다. 나 역시도 잘 훈련되어 있어서 누군가를 만나면 필요에 따라 입꼬리를 살짝 올린다. 갑작스럽게 할 수 있는 것이 절대 아니다. 평소에 훈련을 해야 한다.

왜 그런 것까지 해야 하냐고 묻는다면 사람들의 호감을 살 수 있어야 먹고 살기 유리해질 수 있다는 점을 강조하고 싶다. 덧붙여 말하면 미소에는 상대의 화를 잠재우는 힘도 있다.

독일의 한 대학 연구진은 무표정한 사람이 어떤 일이 잘 안되었을 때 오히려 심한 벌을 받기 쉽고, 웃는 얼굴의 미소 짓는 사람에게는 관용을 베풀기 쉽다는 데이터를 발표했다. 우리는 미소 짓는 얼굴이 매력적인 사람에게는 화를 크게 내지 못하고, 지나치게 엄하게 대하지도 못한다.

이렇게까지 강조해도 그깟 미소 하나가 뭐가 중요하냐고 생각하는 사람이 무척 많다. 그래도 누군가에게 도움이 되기 위해 책을 쓰는 사람으로서 좀 더 이야기하도록 하겠다.

오랫동안 관상(觀相)을 공부해 왔다. 지금은 사람들이 일부러 나를 찾아와서 볼 정도의 수준이다. 관상에서 미소는 중요한 역할을 한다. 태어날 때부터 입꼬리가 올라가 있는 사람들은 복이 있다고 하는데 정말 맞다.

미소 짓는 표정 때문에 사람들의 호감을 쉽게 얻을 수 있기 때문이다. 관상에서는 특히 광대 부분이 중요하다. 광대가 동글동글하게 잘 자리 잡고 있으면 복이 있다. 광대가 좋은 사람들은 우선 주변에 나를 돕는 사람들이 많다고 한다. 또한 체력도 좋아 쉽게 포기하지 않는 강한 의지력도 가질 수 있다.

어떻게 하면 광대를 좋아지게 할 수 있을까? 바로 미소 짓는 것이다. 실제로 미소 하나로 큰 복을 만들 수 있다. 일본 최고의 부자인 사이토 히토리가 쓴 《부자의 운》이라는 책에서도 그가 첫 번째로 강조한 것이다. 바로 웃음 곧 미소이다. 웃음이 그의 성공의 밑천이었다고 수차례 강조한다. 그의 미소는 수천만 달러의 재산을 불러들인 당첨된 복권과도 같은 것이었다.

호감을 사고 싶다면 웃고 미소 지어야 한다. 웃을 일 없을 때는 웃을 일을 만들어야 한다. 일부러라도 호감을 사기 위해 웃어라. 사람들은 당신의 진짜 속내와 상관없이 먼저 접근해올 것이고 호감을 보일 것이다.

LAW 33

호감을 높이는 최고의 기술 '공감'

한 가지 실험을 해보자. 휴대폰 카메라로 무표정한 자신 얼굴 3장 찍고, 고통스러운 표정으로 1장을 찍자. 그리고 주변 지인들에게 4장을 보여주고 고통스러운 표정이 무엇인지 물어보자. 절대다수가 정답을 맞힌다. 혹시 맞추지 못한 사람이 있다면 정중히 심리치료를 요구하자. 타인의 고통을 알지 못하는 사이코패스일 가능성이 있기 때문이다.

우리 주변에 표정을 통해 감정을 구분하긴 해도 타인의 고통에 대해 별다른 느낌이 없어서 본인이 저지른 나쁜 일에 죄책감이 크지 않은 사람이 있다. 학자들은 범죄와 관련 없이도 직장을 비롯하여 많은 곳에 사이코패스 성향자가 존재한다고 한다. 당연히 인간적으로 비호감이며 몇 번 겪어 보았기 때문에 지금은 멀리한다. 물론 매우 이성적이라 일을 무척 잘하는 경우도 있다.

오래 전 한 상사가 그런 성향이 강해 무척 힘들었다. 그를 연구하기 위해《직장인으로 간 사이코패스》라는 책까지 사서 탐독한 기억이 난다. 책이 설명하는 내용과 상사의 성향이 매우 일치하여 정말 놀라웠다. 다행히 내가 어떻게 행동해야 하는지 어느 정도 이해할 수 있었다.

반대로 공감할 줄 안다면 어떤 일이 일어날까?

세계에서 가장 영향력이 있는 여성으로 여전히 미국의 방송인 오프라 윈프리가 가장 많이 거론된다. 그녀가 세계적으로 가장 영향력을 가질 수 있는 가장 큰 이유 중의 하나는 바로 공감 능력이다. 그녀는 무려 25년간 방영되었던 〈오프라 윈프리 쇼〉를 통해 대중과 함께 공감했다.

그녀는 어둡고 힘든 과거가 있었다. 아픈 경험을 그 누구보다 잘 알기에 힘든 처지에 놓인 사람들에게 옳고 그름을 설명하기보단 그 사람의 아픈 곳을 먼저 감싸고 안아주는 것이 중요하고 도움이 된다는 것을 잘 알고 있었다. 결코, 화려한 화술, 스킬이 아니라 그녀의 대화에서는 진정한 공감을 느낄 수 있었다. 그녀가 인터뷰한 수많은 스타와의 대화 내용을 살펴보면 가십거리를 초점으로 쇼를 진행하지 않았다. 그저 사람을 초점에 두었다. 그녀는 유명인들이 게스트로 출연했을 때보다 어려운 처지의 일반인들을 상대할 때 그 힘이 더 대단했다.

실제 사례를 들면 성폭행을 당한 중년 여성의 고백에 오프라 윈프리는 눈물을 쏟으며 그 여성을 안아주었다. 성폭행의 고통을 자신도 안다면서 어둡고 숨기고 싶을 수도 있는, 자신 역시 성폭행을 당한 수치스러운 이야기를 털어놓았다. 공감은 상대방의 감정을 나도 느끼는 것처럼 이해하려고 노력하는 일이다.

'나도 그렇게 느끼는 일'은 가장 인간다움일지 모른다. 여기에 가장 핵심적인 요소는 이성(理性)이 아니라 감성(感性)이라고 믿는다. 감성은 인간적인 매력의 핵심이며 자연스럽게 인간의 호감으로 연결된다. 절대로 감정적(感情的)이라는 것과 혼동하면 안 된다. '감정적'이라는 것은 그냥 '욱하는 성질'일 뿐이다. 사람들은 단지 나의 감정 또는 기분을 이해해 주는 사람에게 호감을 느낀다. 남자들은 대체로 감정을 이해하는 능력이 여성보다 부족하다. 정확히 이야기하자면 감정을 느끼기는 하지만 그것이 얼마나 중요한지 잘 모르는 것 같다.

한때 했던 보험 영업의 경험이 나에게 인간에 대한 소중함과 호감의 중요성을 인식시켜 주었다. 나름 보험왕 출신으로 영업을 열심히 하기도, 잘하기도 했다. 그렇지만 사람에 대한 이해 부족으로 다음과 같은 실수를 많이 했다.

K 과장이 다음 날 보험을 가입하기로 해서 아침에 방문했는데 과장의 표정이 무척 좋지 않았다. 그래도 보험을 가입하기로 했으니 난 그냥 이렇게 이야기했다. "여기에 사인하시면 됩니다." K 과장은 화를 내면서 다음과 같이 이야기하는 것이 아닌가? "지금 분위기

파악이 안 되세요? 난 지금 화가 많이 났다고요. 나중에 다시 오세요." 그러면서 문을 세게 닫으며 나가 버렸다.

나중에 안 사실이지만 아침부터 부장에게 불려가 엄청나게 깨지고 온 것이다. 난 K 과장의 얼굴을 살피며 이렇게 이야기했어야 했다. "K 과장님, 무슨 일 있으세요? 표정이 좋지 않으신데요." 그리고 K 과장의 이야기를 공감하며 오랫동안 이야기를 들어 주었어야 했다. 그랬으면 내 마음을 이해해 줘서 고맙다는 이야기를 들으며 계약서에 사인을 받았을 것이다.

공감은 우리가 생각하는 것보다 훨씬 중요한 인간관계 기술이다. 왜냐하면, 사람들은 자신과 비슷한 사람을 좋아하기 때문이다. 다시 말해서 자신과 비슷한 감정을 느끼는 사람을 좋아하는 것이 인간의 본성인 것이다. 남자들도 노력하면 공감능력이 늘게 되고 자연스럽게 된다. 나 역시도 엄청나게 늘었으며 자주 사용하여 호감을 높인다. 특히 강의할 때 자주 애용한다.

강의 초반에 공감을 통해 청중들의 마음속에 들어간다. 멋진 목소리로 이야기한다. "요즘 많이 힘드시죠!" 짧은 문장이지만 생각보다 반응이 무척 좋다. 요즘 누구나 힘들기 때문이다. 나도 청중들의 마음을 이해하면서 강의를 시작하겠다는 공감의 자세이다.

공감으로 성공의 길을 달리는 사람이 있다. 다양한 분야를 넘나들며 책을 펴내는 Y 작가가 있다. 본인은 해보지도 못한 일에서 소재를 찾아 책을 펴냈다. 책 속 이야기가 어찌나 생생한지 정말 그 일을 해보지 못하면 알 수 없는 것까지 알고 있다.

비법은 의외로 간단했다. 예를 들어 미팅에서 보통 남자라면 여자와 공통관심사를 찾기 위해 애쓰지만 Y 작가는 "○○학과 다니신다고 들었는데 어떤 공부가 가장 힘드세요?", "회계담당하신다고 들었는데 회계 일에서 가장 힘든 점이 무엇입니까?"라고 물어본다고 한다. 미팅뿐만 아니라 술자리, 비즈니스자리 등 그의 "어떤 것이 힘드십니까?" 질문을 안 받아본 사람이 없다. 나 역시 예외는 아니었다. 힘든 점을 말할 때 Y는 고개를 끄덕이고 맞장구를 잘 쳐주니 말하는 나도 즐거웠다. 그만의 힘이고 매력인 셈이다.

공감이 호감이고, 힘이며, 성공의 길이라는 사실을 알지만 공감은 쉽지 않은 감정이며, 기술이다. 그러면 어떻게 공감 능력을 기를 수 있을까?

사람의 생각 중 96% 이상이 자신에 대한 것이라고 하고, 나머지는 일반적인 고민이다. 이 중 3%만 타인을 생각하는 마음을 가진다면 인간관계로 인한 고통은 어느 정도 벗어난다고 한다. 3% 정도의 관심을 나에서 타인으로 돌려보자.

유명했던 드라마의 한 장면을 살펴보자. "아프냐? 나도 아프다." 많은 여성이 이 대사에 환호하는 반면, 나를 비롯한 많은 남성이 이 대화를 이해하지 못했다. 뭐가 아프다는 거지? 한국 남자는 대체로 공감에 서툴다. 아마 이 대사의 주인공인 상남자 이서진도 무슨 말인지 잘 몰랐을 수도 있다. 이걸 부부 대화로 끌고 와보자. "여보, 나 아파.", "너만 아파? 나도 아파." 공감이 제로다. 2~3%만 타인을 생각한다면 이렇게 될 것이다. "많이 아파? 내가 약 좀 사올까?" 간단하다. 중요한 건 2~3%의 생각이다.

다음은 사람의 마음을 움직이는 공감 5가지 법칙이다.

1. 핵심적인 메시지를 표현한다.
2. 사실보다 감정을 표현한다.
3. 가능한 한 내용을 반복한다.
4. 경우에 따라서는 침묵한다.
5. 상대방과 같은 분위기로 표현한다.

기계가 많은 일을 대체하는 세상이다. 기계는 정해진 알고리즘에 따라 반응하는 존재다. 기계가 많은 일을 할수록 공감이 뛰어난 사람이 더욱 필요할 것이다. 더욱이 각박해지는 세상에 공감은 더 절실하다.

호감을 사고 싶다면 공감하라. 당신이 연예인 같은 외모가 아니어도, 화려한 입담을 가지고 있지 않아도 좋다. 공감만 할 수 있다면 사람의 마음을 지배할 수 있는 '절대 호감'을 얻을 수 있다. 그리고 누구보다 인기 있는 사람이 될 수 있다.

LAW 34

상대방의 이름을 부르는 힘

내가 그의 이름을 불러 주기 전에는 /
그는 다만 / 하나의 몸짓에 지나지 않았다.

내가 그의 이름을 불러 주었을 때 / 그는 나에게로 와서 /
꽃이 되었다.

내가 그의 이름을 불러 준 것처럼 / 나의 이 빛깔과 향기에 알맞은 /
누가 나의 이름을 불러다오. /
그에게로 가서 나도 / 그의 꽃이 되고 싶다.

우리들은 모두 / 무엇이 되고 싶다. / 너는 나에게 나는 너에게 /
잊혀지지 않는 하나의 눈짓이 되고 싶다.

_김춘수, 「꽃」

많이 알고 있는 김춘수의 「꽃」이라는 시다. 고등학교 시절 이 시를 배울 때 선생님 말씀이 생생히 기억난다. 시처럼 사람은 이름을 통해 남과 나를 구분하기 시작한다. 어린아이는 커가며 남과 다른 자신의 이름을 발견하면서 자아가 형성되며 성장하는 것이다. 선생님은 오래전 가난한 집에 아이가 태어나면 이름을 짓지 않고 1년 동안 지켜본다고 했다. 위생, 보건환경이 좋지 않아 갓난아이가 쉽게 죽었기 때문인데, 이름을 만들어 놓고 아이가 죽으면 엄마의 슬픔은 몇 배가 되지만 아이가 이름 없이 죽으면 기억에서 쉽게 지울 수 있기 때문이라 말씀하셨다. 슬픈 과거라고 생각했다.

이름은 참으로 위대한 존재다. 이름이란 걸 발명한 누군가에게 우리는 고마워해야 할지 모른다. 이름이 있기에 내가 있을 수 있고, 다른 사람이 있으며, 무언가 구분을 할 수 있기 때문이다. 호감을 끌어내는 방법에서도 이름은 강한 영향력을 행사하기 때문이다.

요즘은 이메일을 많이 사용한다. 사람들은 이메일을 보낼 때 이름을 잘 쓰지 않는다. 단순하게 이메일 제목에 이름을 붙이는 것만으로도 당신의 이메일은 메일함의 수많은 메일 가운데 단연 돋보일 것이다. 이름을 쓰게 되면 무미건조한 이메일이 훨씬 다정한 느낌을 전달하게 될 것이다. 우리 직원들도 협력업체에 이메일을 보낼 때 이름을 넣지 않고 과장님, 대리님, 주임님 등의 호칭만을 사용하고 있기에 호칭 앞에 이름을 반드시 넣을 것을 지시했다.

누구나 본인의 이름이 불리는 것을 좋아한다. 업무적인 관계를 넘어서 인간적인 향기가 느껴지기 때문이다. 나 역시도 누군가 외부로부터 메일을 받을 때 대표님, 강사님, 작가님보다는 신용준 대표님, 신용준 강사님, 신용준 작가님이라는 호칭이 훨씬 마음에 든다. 그들로부터 관심받고 인정받는다는 느낌이 든다.

강의를 진행할 때도 마찬가지다. 관객의 마음을 사로잡고 싶다면 사람들의 이름을 외우는 연습부터 해야 한다. 나는 강의할 때 적극적인 사람들의 이름을 물어보고 외워서 꼭 그 이름을 다시 불러 준다. 이름을 불러 주는 순간, 벌써 그 사람은 나의 편이다.

기억하지 못할 것이라면 이름을 물어보는 것은 의미가 퇴색된다. 이름을 외우기 위해 연상법을 자주 쓴다. 의식적인 노력은 분명 효과가 있다. 집중할 때 더욱 잘 외워지는 것은 당연한 이치다.

회사의 대표로서 영업을 누구보다도 열심히 하는 편이다. 하지만 협력 업체 담당자의 이름을 모두 기억하는 것이 결코 쉬운 일이 아니다. 그래도 가능하면 이름을 외우려고 부단히 노력한다. 상대방의 이름을 기억하여 불러 주었을 때 표정이 바뀌는 것이 느껴진다.

우선 눈이 커진다. 대단히 놀라우면서 반가워하는 감정을 표정에서 느낄 수 있다. 참고로 눈이 커지면서 눈썹까지 올라가는 표정을 짓는 것은 대체로 너무나 반갑고 좋다는 인간의 본능적인 의사 표현이다. 말은 반갑다고 하지만 눈은 그냥 아무런 반응이 없다면 별로 반갑지 않다는 뜻일 수 있다. 훈련을 통해 상대방의 진심을 표정만으로도 어느 정도 감지할 수 있다.

얼마 전 작고하신 〈전국노래자랑〉 진행자 송해 선생도 사람 이름을 외우기는 정말 어려운 일이라고 말했다. 한번은 당대 최고의 가수인 이미자의 이름이 기억나지 않아 크게 당황스러웠다고 한다. 그 후로 연상법을 이용한다고 하는데 지인 중에 똑같은 사람의 이름이 있는지 생각해 보고, 그 사람의 이미지와 연결하여 연상하는 훈련을 오랫동안 해 왔다고 한다.

나 역시도 연상법을 이용하여 중요한 사람들의 이름을 외우려 애쓴다. 그 사람에게 떠오르는 이미지를 통해 연상하거나 똑같은 사람의 아는 사람 이름과 연관 지어 이름을 외우려 한다.

예를 들면 출신지가 제주도이고 이름이 샛별이면 '제주도의 샛별'이라고 외운다. 이름이 '경태'인데 아는 사람의 이름도 '경태'라면 그 사람과 이미지를 겹쳐서 이름을 기억하도록 노력한다. 쉽지 않은 일이지만 자꾸 노력하니 외우는 실력도 무척 늘었다. 특히 중요한 미팅에 가기 전에 그 사람의 이름을 여러 차례 입 밖으로 소리 내어 말하는 것이 무척 도움된다.

많은 사람이 본인은 누군가의 얼굴을 잘 기억 못 한다느니 이름을 잘 기억 못 한다느니 하는 이야기로 상대방에게 용서를 구한다. 이런 사람들은 주위에 정말 많다. 정말 프로답지 못 한 모습이다. 이렇게 이야기하는 사람들에 대한 호감도는 크게 떨어진다. 아니 솔직하게 다소 싫어하는 유형의 사람들이다. 본인이 정말 대단한 사람도 아니고 사람에 대해 성의가 없어 보인다. 그런 말을 듣는 상대방의 입장에서는 본인이 별로 존재감 없는 사람으로 느껴질 수 있기 때문이다.

그 누구도 이름과 얼굴을 정확히 기억할 수 있는 사람은 없다. 상대방을 위해 노력하는 것뿐이다. 정말 대단하고 멋진 사람들은 이렇게 이야기한다. "죄송해요. 제가 이름을 잊었습니다. 다시 알려 주시면 꼭 기억하도록 노력하겠습니다." 그리고 꼭 기억한다.

이미지 연상법 외에 이름을 기억하고 부르는 방법으로 명함을 잘 활용하라고 말하고 싶다. 명함에는 상대방의 많은 정보가 있다. 언제 만났고, 무엇을 이야기했는지 명함에 직접 메모하라. 그러면 이미지 연상은 물론 상대를 기억하기 쉽다.

더 좋은 방법은 한 번 더 연락하는 방법이다. 만남이 끝나고 24시간 안에 다시 만나 뵙고 싶다고 문자로 보내자. 한 번 더 기억하자는 의미다.

문득 고등학교 시절의 두 분 선생님이 기억난다. 고3 때의 독일어와 국사 선생님이다. 그 시절 나는 학교에서 무척 조용하게 지냈다. 솔직히 말하면 학교생활이 그렇게 즐겁지 않았기 때문이다. 아무튼 그때는 한 반에 60명 정도의 학생이 있었다. 선생님은 학생들 이름을 기억하는 것이 무척 벅찼으리라 생각한다.

선생님은 학생들을 대부분 '야, 너'로 불렀다. 나 역시도 대체로 그렇게 불렀다. 물론 엄청나게 공부 잘하는 모범생이나 문제 학생은 예외였다. 그런데 독일어와 국사 선생님은 나의 담임도 아닌데 내 이 이름을 기억해서 '용준아'하고 정말 다정하게 불러 주셨다. 그 순간 나의 존재가 강해지는 느낌을 받았다.

그때 누군가 나의 이름을 불러 주는 것이 이렇게 가슴 벅찬 일이라는 것을 처음 알았다. 그래서 그해 학력고사에서 독일어와 국사는 거의 만점 맞았던 것으로 기억한다. 그런 방법으로 보여주신 관심에 보답해 드리고 싶었다.

다시 김춘수의 시로 돌아가 보자. 이름을 불러 주기 전까지는 아무 의미가 없다. 이름을 불러 줘야 비로소 의미를 갖는다.

호감도 그렇다. 이름을 불러 주기 전에는 그저 그런 사이이지만, 이름을 부르는 순간 특별한 사이가 되고 호감을 느낄 수 있다. 귀찮고, 외우기 힘들더라도 이름만큼은 기억하자. 이름을 기억하고 부르는 순간 호감은 배로 증가한다.

LAW 35

마음을 움직이는 힘, 아이콘택트

"부모님 나를 낳으시고, 원장님 나를 만드시니."

'의버지'라는 별칭도 있고, 원장님이 나를 만들었다는 농담이 있을 만큼 성형이 보편화되었다. 개인적으로 성형을 부정적으로 생각하지 않는다. 외모콤플렉스 때문에 사회적·대인적 문제가 있다면 성형을 통해 자신감을 회복하여 본연의 모습을 찾을 수 있다고 생각한다. 이처럼 자신감과 나를 찾는 데 도움을 주는 성형에서 바꿀 수 없는 부분이 하나 있다. 바로 '눈빛'이다.

눈빛은 심상(心象)이라 성형을 할 수 없는 곳이다. 그래서 옛말에 사람의 진실을 알려면 눈을 보라고 했던 것 같다. 상대의 눈을 본다는 건 눈빛을 교환한다는 뜻이다. 눈빛 교환으로 상대의 진심도 알 수 있지만, 면대면 상황에서 호감을 불러일으키는 요소이기도 하다.

1998년 미국의 한 심리학자는 아이콘택트와 관련하여 실험을 진행했다. 실험은 아주 단순했다. A 그룹은 남녀가 2분 동안 상대의 눈을 보도록 지시했고, B 그룹은 특별한 지시를 하지 않았다. 그 결과 서로의 눈을 바라본 A 그룹은 첫인상의 매력지수와 상관없이 서로에 대한 호감 지수가 늘었으며, B 그룹은 별다른 차이가 없었다고 한다.

미국 예일대에서도 다음과 같은 아이콘택트 실험을 했다. 먼저 C에게는 자신의 이야기를 독백하라고 할 것을 지시했으며, 이 독백을 듣는 D에게 C와 눈을 맞출 것을 지시했다. 이렇게 실험한 결과 상호 간의 친밀감을 나타내는 감정이 생겨났다. 아울러 심장박동 증가와 아드레날린이 정맥을 통해 분비되었는데 흔히 사랑할 때 나오는 신체적 반응을 일으켰다.

이 연구결과에 따르면 눈 맞춤을 잘하는 사람은 상대에게 지적인 느낌을 전달하는 동시에 추상적인 이미지를 심어줄 수 있다고 한다.

보스턴대학에서는 예일대와는 조금 다르게 실험을 진행했다. E 그룹은 남녀가 쌍을 이루게 하고 대화를 하면서 상대가 눈을 몇 번이나 깜박거리는지 세어보라고 지시했다. 한편 F 그룹은 아무런 조건 없이 대화만 하도록 했다. 결과는 예상대로 눈을 자주 맞출 수밖에 없었던 E 그룹이 F 그룹에 비해 서로에 대한 호감과 존경심이 더욱 많이 느껴졌다고 한다.

이러한 아이콘택트는 연인 사이에서의 호감에도 큰 영향을 미쳤다. 미국의 자크 루빈이라는 심리학자가 연인끼리 대화할 때 서로의 눈을 보는 시간을 측정해 연인 사이의 호감을 측정해 보았다. 더욱 오랜 시간 눈을 보며 이야기한 연인이 서로에 대한 애정이 더욱 깊고 호감이 높게 나왔다.

상대방의 눈을 쳐다보지 않는 사람에게 호감을 느끼는 경우는 드물다. 시선은 자신감과 상대방에 관한 관심을 나타낸다. 특히 누군가를 설득할 때 상대의 눈을 바라봐야 한다. 시선이 어디를 향해 있는지 알 수 없는 사람의 이야기를 믿으라고 하면 그것은 무리다. 제대로 눈을 바라봐야만 그 사람에게서 성실함과 열정을 느끼고, 마음이 움직이기 때문이다.

가끔은 나도 작은 거짓말을 했거나 뭔가 잘못한 것이 있을 때면 아내의 눈을 잘 쳐다보지 못한다. 아내가 눈치 못 채도록 눈을 의식적으로 피하게 된다.

최동훈 감독의 〈타짜〉라는 영화를 너무 좋아해서 열 번도 더 보았다. 인간의 숨겨진 야성과 이기적인 본성을 '도박'이라는 자극적인 스토리로 잘 버무린 최고의 영화이다. 주인공 '고니'가 경상도 타짜 '작귀'를 만나 도박할 때 몰래 구라(속임수)치는 법에 대해 묻는다. 작귀는 구라칠 때 상대방의 눈을 쳐다보지 말라고 강조한다. 뭔가 숨기고 있다면 눈을 통해 다 들통날 수 있다는 이야기이다.

그렇다면 자신감 또한 어떻게 전달될까? 바로 시선(eye contact)

을 통해 전달된다. 주변을 두리번거리고, 시선을 불안정하게 움직이는 사람이 "저를 믿어 주세요."라고 말해도 믿어 주는 사람은 없다. 눈을 맞추지 못하는 사람은 뭔가 거짓말을 하고는 듯한 인상을 주기 때문이다.

미국 미주리 대학의 골드만 박사는 상대의 눈을 제대로 바라보는 경우와 시선을 피하는 경우, 설득 효과가 어떻게 달라지는지를 연구했다. 예상대로 상대의 눈을 제대로 쳐다보지 않으면 설득에 성공하지 못한다는 것이 확인되었다. 골드만 박사의 말에 따르면, 상대의 눈을 보고 이야기하는 것은 '나는 당신이 좋다.'라든가 '나는 당신에게 관심이 있다.'라는 느낌을 전달하는 방법이라는 것이다. 다시 말해 상대와 시선을 교환하는 것만으로도 상대는 호감을 느낄 수 있게 된다. 반대로, 상대의 눈을 보지 않는다는 것은 '내 눈앞에서 사라져줘.'라든가 '네 존재를 인정하지 않아.'라는 부정적인 느낌을 전달하는 것이라고 할 수 있다.

그래서 우리 아들들도 나에게 필요한 것이 있으면 나에게 눈을 가까이 대고 이야기한다. 거절의 표시로 눈을 피하려고 해도 눈을 하도 가까이 대고 이야기해서 결국 거절할 수 없게 된다.

어린아이들은 엄마가 눈을 보지 않고 이야기하면 매우 불안해한다고 한다. 자신이 존재하지 않는 것처럼 느껴지기 때문에 울어버리기도 한다.

강의하거나 프레젠테이션할 경우 발표자의 아이콘택트는 강력한 힘을 발휘한다. 원고나 스크린을 단순하게 읽거나 위아래만 바라보고 청중들에게 시선을 주지 못할 경우 좋은 강의나 프레젠테이션으로 평가받지 못한다. 어떤 경우 편해 보이는 몇 명에게만 시선을 주거나 청중 머리 너머로 시선을 두는 경우도 발표자의 전문성에 의심이 가기도 한다.

연구결과 청중에 대한 주시율이 20% 이하일 경우 청중은 발표자가 '냉정, 변명투, 미숙, 자신감 없음, 신뢰성 결여'를 느낀다. 반면 80% 이상일 경우 '성심, 친근감, 숙련, 자신감 있음, 신뢰감'을 느낀다. 눈은 입만큼 말을 하고 있다는 것이다. 발표자와 청중의 아이콘택트는 4가지 기능을 한다.

1. Monitoring: 청중의 반응에 대한 모니터링
2. Link: 발표자와 청중 간의 연결
3. Truth: 발표자의 열의/진심으로 표현
4. Confidence: 시선을 피하지 않는 자신감, 신뢰 확보

누군가의 호감을 사기 위해서 반드시 상대의 눈을 제대로 바라볼 수 있어야 하며, 가능한 한 시선을 다른 곳으로 돌리지 말아야 한다. 협상 테크닉 중 일부러 상대와 눈을 맞추지 않음으로써 불안감과 긴장감을 일으키는 기술도 존재하지만 거의 사용할 기회는 없다.

시선 맞추기를 불편해하는 사람들이 의외로 많다. 누군가와 눈

이 마주치면 내가 다음에 해야 하는 말에 집중하지 못하기 때문이다. 말을 하다가 자신을 빤히 바라보는 누군가와 눈이 마주치면 어쩔 줄 몰라 하기도 한다. 그러나 그때 시선을 피하며 바닥을 내려다보거나 천장을 올려다보는 것은 절대 금물이다. 이런 태도는 산만하고 성의 없어 보이기 때문이다.

눈을 마주치는 것이 불편하다면 약간 요령을 부리면 된다. 상대의 눈을 직접 바라보는 것이 힘들다면 상대의 눈과 눈 사이에 초점을 맞추는 것도 긴장을 완화하는 방법이다. 귀 윗부분이나 코의 윗부분을 바라보기도 한다. 상대는 당신의 시선이 아주 약간 어긋나 있다는 사실을 알아차리지 못할 것이다.

눈빛 안에는 내가 담겨있다. 진실로 호감을 사고 싶다면 아이콘택트를 하라. 상대 역시 당신의 눈빛을 보고 당신의 마음을 알 것이다.

LAW 36

대화 수준에 따라 호감이 결정된다

"당신이 가족을 제외하고 잘 어울리는 4명 중에서 딱 중간이 당신이다."

인맥 관련 강의를 듣다가 내 머리를 강타한 말이었다. 순간 내 주변의 네 사람을 점검했다. 점검 결과 자주 만나는 사람들의 교양 수준, 직업, 경제력 등 과거에 비해 확실히 올라갔음을 느꼈다. 특히 만나는 사람들의 대화 수준이 높아졌음을 많이 느낀다. 정확한 통계는 없지만 대화 수준과 사람 수준은 비례한다는 것을 비즈니스 현장에서 경험한다. 무언가 모르게 대화에 여유가 있고 수준이 높은 사람에게 호감이 가고 같이 일하고 싶어지는 것도 사실이다.

생각해 보자. 입에 욕을 달고 살거나 매일 부정적인 이야기를 하는 사람, 매일같이 선정적인 이야기를 하며 좋아하는 사람에게 누가 호감을 느끼겠는가? 거기에 기초적인 상식이 없는 사람 역시 대화에 한계가 있다.

과거에 비해 이루기 어려워졌다고 하지만 꿈은 확실히 소중한 존재다. 40대가 넘어가면서 꿈 이야기를 할 사람이 줄어들고 있다. 이유는, 슬프지만 40대가 넘으면 남녀 모두 삶에 지친다. 지쳐있기에 꿈은 사치처럼 들린다. 그래서일까, 나는 나이를 먹었어도 꿈에 대해 이야기하는 사람을 참 좋아한다.

그런 사람들과는 꿈에 대해 서로가 서로를 응원해주며 대화하게 된다. 발전적이고 생산적인 대화다. 그리고 그 꿈을 이룰 수 있도록 도와줄 사람도 소개해주고, 관련된 책도 소개해준다. 그런 정보들은 천금 같은 존재가 될 수 있다. 반대로 모이기만 하면 누구는 "얼마를 투자해 얼마를 벌었네.", "승진 탈락은 당연해. 이유는……." 등 실천하지 못할 남 투자 이야기, 다른 사람 깎아 내리는 이야기하는 사람은 만나기 싫다.

이상하리만큼 중년 남자들끼리 모이면 대화 주제에 한계가 있다. 부동산, 등산, 건강 정도다. 사실 주말 오후 오랜만에 만났는데 부동산 이야기만 한다면 의미 없는 시간을 보냈다는 기분마저 들 때가 있다. 개인적으로 부동산으로 재미를 보지 못해서 그런지 부동산 이야기를 싫어한다.

이런 결과를 피하려면 가끔은 품위 있고 고상한 것에 초점을 맞추어야 한다. 즉 자연, 철학, 예술작품, 신의 존재와 같은 형이상학적인 차원의 것들을 함께 이야기할 수 있는 기술이 필요하다. 상대방의 정신적인 면을 고양시킨다는 것은 엄청난 호감을 일으킬 수 있다. 왜냐하면, 주위에 그런 사람이 흔치 않기 때문이다. 개인적으로 축구를 사랑하고 스포츠를 좋아하지만 밤새도록 프로야구 이야기를 하며 시간을 보내고 싶지 않다. 돈이 정말 필요한 사람이지만 재미없는 부동산 투자 이야기로 행복한 주말 오후를 보내고 싶지도 않다.

어느 정도의 교육을 받은 사람들이라면 일상적인 이야기를 벗어난 인생의 심오한 이야기들에 대해 예상외로 큰 관심을 보인다. 사람들은 인생에 대한 깊이 있는 이야기들은 지루한 철학책이나 고리타분한 다큐멘터리에서나 경험할 수 있다고 생각한다. 그렇기 때문에 누군가 인생에 관한 이야기를 진지하지만 유쾌하게 풀어주고 정신적인 면을 고양해 준다면 그 사람을 좋아할 수밖에 없다.

2014년 헐리우드 영화 〈인터스텔라〉가 대한민국을 강타했다. 외국에서도 관심을 끄는 영화였지만 한국만큼은 아니었다. '인터스텔라 신드롬'이라는 말까지 나올 정도로 한국 관객들의 반응은 뜨거웠다. 물론 스케일도 크고 스토리가 좋은 것은 인정하지만, 다소 어려운 영화라는 점에서 사람들의 태도가 전과는 달랐다.

아무리 해외에서 호평을 받은 영화라도 어려운 영화는 한국에서 대부분 흥행에 참패했기 때문이다. 내가 기억하기로는 뤽 베송의 〈루시〉라는 영화가 그랬고, 리들리 스콧의 〈프로메테우스〉도 관객들로부터 좋은 반응을 얻지 못했다. 모두 매력적인 영화지만 과학과 철학적 분위기가 강하여 관객들은 거리감을 느끼는 듯했다. 다행히 〈인터스텔라〉라는 영화를 통해 사람들이 재미만 있다면 형이상학적 스토리에 대해 충분히 매력을 느낀다는 것을 알게 된 것이다. TV와 인터넷이 없다면 우주와 신에 관한 이야기는 사람들이 가장 관심을 가질 수 있는 스토리라고 확신한다.

"하늘의 별, 인간은 하늘의 별을 오랫동안 숭배의 대상으로 삼아왔다. 하늘의 별은 숭고하고 신성한 것을 상징한다. 하늘의 별을 생각할 때 우리는 순간적이나마 세속적인 것에서 벗어나 불멸을 꿈꾼다. 그 순간 우리는 몸이 가벼워짐을 느낀다. 상대가 별을 생각하도록 만들어라. 그러면 그들은 이 세상에 일어나는 일에 신경을 쓰지 않게 될 것이다."

로버트 그린의 《유혹의 기술》에 나오는 내용이다. 그만큼 심오하고 철학적 분위기가 있는 대화를 좋아한다는 뜻이다.

대화 수준을 올린다는 것은 교양을 쌓는다는 뜻이다. 교양을 쌓는 가장 좋은 방법은 독서다. 독서의 장점은 이미 잘 알 것이고, 중요한 건 '실천'이다.

그렇다면 독서 외에 교양을 쌓는 다른 방법에는 무엇이 있을까. 개인적으로 다큐멘터리를 추천하고 싶다. 유튜브나 포털사이트 동영상 사이트에 좋은 다큐멘터리가 많다. 최근 모 다큐멘터리 게시판 추천 글에 어느 아버지가 아들에게 권하는 동영상이라며 멋진 추천 글이 올라왔다.

"○○야!! 언젠가 아빠가 이 동영상 8편을 너에게 보라고 추천해주고 싶구나! ○○가 빨리 중고생이 돼서 이 동영상을 보고 아빠랑 같이 별에 대한 이야기를 은하수 가득 찬 양평 벗고개에 누워서 밤새도록 하고 싶구나. 아울러 너와 나의 인생이야기도 밤새 해야지? 세련된 사고를 할 줄 아는 멋진 사람으로 커 주길 바란다."

_유튜브, 〈우주다큐, NHK 우주 대기행 01, 쏟아지는 혜성이 생명을 기른다〉의 게시판 글 발췌

멋진 아버지라 생각된다. 아들의 교양 수준이 올라가길 생각하는 아버지의 글에 나도 모르게 반성했다. 나만 좋은 걸 보는 게 아니라 아이들에게 추천하고 싶다. 아들과 또는 딸과 함께 다큐멘터리를 보고 대화하는 모습은 생각만 해도 흐뭇하다. 먹고사는 문제에 치여 여유가 없어진 모습을 쉽게 볼 수 있다. 이럴 때일수록 교양을 챙기고 보다 심오한 그 무엇을 챙겨야 하는 것은 아닌지 생각해 볼 일이다.

물질적 여유가 있어야 정신적 여유를 챙긴다지만 지금은 물질적 여유를 가져다주는 것은 정신적 능력, 즉 창조, 창의이기 때문이다. 둘의 상관관계를 잘 이해해 정신적 여유, 정신적 자산을 갖도록 해야 한다.

수준 있는 대화를 위한 또 다른 방법은 시대의 분위기를 흡수해야 한다. 시대의 분위기를 모르면 원초적인 대화를 할 수밖에 없다. 뉴스를 챙겨보는 건 기본이고 포털 사이트의 연재 글 등 정보는 쉽

게 구할 수 있다. 시대의 분위기를 흡수해 지금 하는 일에 변화를 감지하고 사람 간의 대화에서 화두를 던질 수는 정보가 있어야 한다.

최근 역사, 과학, 문학, 예술 등 다양한 전문분야의 중년남성끼리 여행을 다니며 수다를 떠는 프로그램이 인기를 끌고 있다. 이 프로그램의 놀라운 점은 출연자들에게 특별히 준비된 시나리오가 없는 것으로 보인다는 것이다. 단지 정해진 역사적인 장소를 둘러보고 난 후 산지 음식을 함께 나누며 자연스럽게 대화하는 방식이라는 것이다.

이것도 이야기할 수 있는 밑천이 깔려 있으니 가능한 것인데, 공부를 참 열심히 하였다는 생각이 든다. 예전이었다면 지루하기만 한 다큐 프로그램으로 대중들로부터 관심받을 만한 구성은 아니었으리라. 이 프로그램 덕분에 수많은 중년남성들이 술자리에서 대화 수준을 높이려는 노력을 하고 있다고 하니 무척 반가운 소식이 아닐 수 없다.

누구나 교양 있는 사람을 좋아한다. 아무리 마음대로 떠들 수 있는 자리라도 저속한 대화를 풀어내는 사람에게 호감 가지 않는다. 반대로 저속한 자리에서 모두가 욕하고 선정적인 이야기를 토해낼 때 누군가 교양 있게 이야기한다면 분명 호감이 갈 것이다. 호감을 위해 그리고 자신의 언어습관을 위해 대화 수준을 높여라.

LAW 37

평소와 다른 모습 보여주기

삶에 이벤트가 없다고 생각해 보자. 늘 반복되는 일상에 특별한 변화도 없을 것이다. 이벤트가 있기에 놀라움도 있고, 재미도 있으며, 변화도 있는 법이다. 호감도 마찬가지다. 365일 같은 모습만 보여준다면 한결같은 사람으로 보일 수 있지만, 왠지 역동성이 떨어져 보이고 지루한 느낌마저 든다. 시간이 지나면 호감은 떨어진다.

이성을 잘 유혹하는 사람은 평소와 다른 모습을 꼭 필요한 시기에 완벽하게 보여준다. 이벤트로 감동한 상대는 유혹에 넘어간다. 호감에서도 매일 같은 모습을 꾸준히 보여주는 것도 중요하지만 평소와 다른 모습을 적절할 때 보여주는 것도 중요한 호감법이다.

세계 피겨스케이팅 역사를 새로 쓴 김연아 선수. 그녀는 무대 위에서는 카리스마 있는 모습이었으나 카메라 앞에서의 평소 모습은 국민 여동생 같은 이미지로 익숙했다. 2009년 그녀가 다른 모습으로 깜짝 변신을 보였다. 공중파 무대에서 가수 인순이의 노래 〈거위의 꿈〉을 부른 것이다. 가창력은 물론, 무대 매너 등 어느 전문 가수 못지않은 실력이었다. 그리고 피겨여왕이 되기까지 그녀의 스토리가 겹치면서 엄청난 인기를 끌었다. 강사세계에도 그녀의 동영상을 구하기 위해 난리가 났었다. 김연아는 노래로 평소와 다른 모습을 보여줘 큰 호감을 얻었다.

앞의 사례처럼 평소와 다른 모습으로 호감을 크게 상승시킨 개그맨이 있다. KBS2 TV 프로그램인 〈개그콘서트〉에서 빠른 말과 황당한 행동으로 웃음을 주는 그가 행사장에서 힙합가수들 사이에 힙합을 부른 것이다. 평소와 다른 모습을 본 관객들은 열광했고, 많은 시청자도 그의 힙합 실력에 놀라움을 금치 못했다. 다른 모습이 평소와 완전히 반대되는 모습이면 이슈는 더욱 빠르게 퍼지고 사람들의 관심을 많이 받는다.

반대인 경우도 있다. 개인적으로 진지한 사람들을 좋아한다. 그렇다고 365일 무조건 진지한 사람을 좋아하는 것은 아니다. 예전 직장생활을 할 때 부하직원 중에 조직에 대한 충성심도 강하고 일도 성실하게 잘하는 직원이 있었다. 개인적으로 마음에 들어서 자주 술을 마시면서 대화를 나누었다.

그런데 술 마실 때조차 너무나 진지해서 재미있는 대화로 이어지기 힘들었다. 나에게는 직장생활의 업무도 중요하지만 부하직원과의 사석에서 즐거운 대화도 중요하다. 특히 둘만이 함께 술을 마시는 것은 힘들 것 같다는 생각이 들어 분위기를 띄울 수 있는 직원과 함께 해야만 했다.

일관성도 매력일 수 있지만 업무 외적으로 평소와 다른 모습은 상당한 호감을 불러온다. 일도 잘하고 술자리에서 유머감각이 넘치는 슈퍼맨이 되라는 뜻이 아니라 분위기에 따라 바뀔 줄도 알아야 한다는 뜻이다.

호감을 올려주는 평소와 다른 모습 보여주기는 고정관념을 깨는 행동에서 출발한다. 우리는 다른 사람 모습에 고정관념이 있다. 고정관념을 깨면 사람들은 신선한 충격을 받고 재평가한다.

평소와 다른 모습 보여주기는 나이가 많을수록, 직급이 높을수록 효과는 상승한다. 예를 들어, 부하직원들은 당신의 고정관념으로 업무를 대하고 있다. 당신이 받는 업무보고, 서류, 대접 등 고정관념이 형성된 상태에서 맞춤형으로 하고 있다고 생각하면 된다.

고정관념이 있는 상태에서 업무 외적인 곳에서 다른 모습을 보여준다면 당신에 대한 재평가가 이루어질 것이다. 더욱이 우리나라는 일과 삶을 일치시키는 경향이 있어 효과는 배로 상승한다.

다음은 평소와 다른 모습 보여주기 호감을 사는 사람들의 특징이다.

첫 번째는 자신을 내려놓을 줄 안다.

대한민국 대표 원로배우 이순재. 한때 그의 별명은 '야동 순재'였다. 70세가 넘어 출연한 한 시트콤에서 '19금 동영상'을 보는 할아버지 역할을 잘 소화해서 얻은 별명이다. 그의 나이, 그의 인지도를 생각하면 완전히 자신을 내려놓은 선택이다. 이처럼 자신을 내려놓지 않으면 평소 다른 모습을 보여주기 힘들다. 매일 철두철미한 업무 스타일을 보여주는 사람이 회식으로 갔던 노래방에서 망가지는 모습을 보인다면 그건 자신을 내려놓을 줄 알아서다. 호감을 위해 자신이 쌓아온 이미지, 명성을 파괴할 줄 알아야 한다.

두 번째는 기회 포착 능력이 빠르다는 것이다.

한때 중년 남성의 기를 살리는 '아저씨 개그'가 인기였다. 아저씨 개그는 썰렁하지만 미워할 수 없는 개그이다. 이 개그의 핵심은 때와 장소의 구분이 필요하다. 비슷하게 평소와 다른 모습 보여주기도 정확한 때와 장소를 구분할 줄 아는 사람이 잘한다. 망가지기 좋은 기회, 한번은 보여줘야 하는 기회가 왔을 때 제대로 실행할 줄 안다.

세 번째는 완전히 반대 이미지 전략을 추구한다.

내향적인 사람이 야구장에서 목숨 걸고 응원하는 다른 모습을 보여주고, 늘 까불기만 한 사람이 노래방을 가서 진지한 노래를 부른다면 충격은 몇 배가 된다. 다른 모습을 보여줄 때는 완전히 반대 이미지를 고민한다. 말 그대로 신선한 충격을 주기 위해서다.

사람은 신속함과 편리함을 위해 고정관념을 갖는다. 나에 대한 고정관념을 파괴하기 위해 스스로 나선다면 사람들은 신선한 충격을 받는다. 충격은 호감으로 바뀌고 당신을 재평가할 것이다.

세상은 얌전하고 조용하게 살 것을 종용한다. 그리고 그런 교육을 받은 세대가 지금 주류로 자리를 잡고 있다. 이럴 때일수록 평소와 다른 모습으로 이벤트 같은 일상을 선물해주면 어떨까.

LAW 38

인생에 대한 열정은 인간에 대한 호감과 비례한다

"하늘은 스스로 돕는 자를 돕는다."

새뮤얼 스마일스의 저서 《자조론》에 나오는 말이자 속담이다. 위로 올라가는 사다리는 줄어들고 저성장이 지속되면서 과거에 비해 자조론 같은 Self-help 정신이 약해진 것 같다. 활력을 잃어가는 우리의 단면이다.

반대로 모두가 손 놓고 있을 때 자기 구원을 하겠다는 적극적인 사람이 있다면 더욱 호감이 간다. 자기 구원을 위해 꼭 필요한 건 인생에 대한 열정이다.

미국의 마케팅 담당자들은 광고를 위해 유명인들의 등급을 매긴다고 한다. 등급에 따라 광고 단가가 결정되기 때문이다. 주로 인물의 외모, 신뢰 그리고 친밀도를 합산하여 등급을 매긴다.

등급에는 두 가지의 중요한 내용이 담겨있다. 첫째는 그 유명인을 얼마나 많은 사람이 알고 있는 것인가이다. 둘째는 얼마나 많은 사람이 그를 좋아하는가에 관한 것이다.

그러나 우리는 그 유명인사가 가지고 있는 매력도, 즉 카리스마에 대해서 수치로 표현하기는 어렵다. 그저 그 사람이 매력적이고 사람들을 끌어당기는 힘이 강하다고 느낄 뿐이다. 우리는 그런 사람들을 가까이하고 싶어 하고, 그런 사람들과 함께 일하고 싶어 한다.

미국의 유명 마술가인 스티브 코언은 사교 모임에서 유명인 또는 거물들의 태도에서 사람을 끄는 카리스마의 비밀을 알아낼 수 있었다고 한다. 그들은 파티장으로 걸어 들어오는 모습부터 남달랐다고 한다. 그들은 순식간에 파티장 전체를 사로잡고, 떠난 뒤에도 그 기운이 느껴질 정도였다고 한다.

스티브 코언이 발견한 몇 가지 카리스마 패턴은 다음과 같다.

열정적이다. – 자신감이 넘친다. – 자신의 본 모습을 있는 그대로 내보인다. – 다른 사람의 시선을 의식하지 않는다. – 자신의 일에 관해서는 최고다. – 다른 사람들의 역할 모델이다.

카리스마를 갖추기 위해 위와 같은 자질들을 갖추어야 하는데 그중에 첫 번째는 열정적이라는 것이다. 카리스마는 타고나기도 하지만 만들어질 수도 있다. 카리스마는 분명 유용한 자질이다. 사람들로부터 강력한 호감을 얻을 수 있기 때문이다.

정말 필요하다고 생각된다면 조금 가식적이라도 열정을 다하고 있음을 보여줘야 한다. 모든 사람은 이유가 어쨌든 적극적인 사람을 좋아하게 마련이다. 자신이 말하고 있는 매 순간에 최선을 다한다는 모습을 보이는 순간 상대방은 호감을 느끼게 된다. 물론 너무 열정이 지나쳐 불편함을 줘서는 안 된다. 반대로 긴장하고 불안한 기색이 시종일관 드러난다면 상대방의 호감을 얻기는 힘들어진다.

내가 좋아하는 가수 싸이(본명 박재상)를 생각해 보자. 그만큼 우여곡절 많은 가수도 없을 것이다. 군대도 2번이나 갔다 오고, 졸업한 대학에 대한 오해, 각종 루머 등 이슈 중심에 그가 있었다. 그러다 노래 '강남스타일'로 일약 스타덤에 올랐다.

그의 콘서트를 갔다 온 사람은 열정의 도가니라고 말한다. 꽉 끼는 옷을 입어 몸매를 기꺼이 드러내고 춤추는 모습은 열정 그 자체다. 그런 열정이 있었기에 우여곡절 끝에 월드스타가 된 건 아닐까 생각한다.

같은 노래를 수천 번 불렀겠지만 항상 처음 부르는 듯한 신선하고 열정적인 모습에 사람들은 환호한다.

같은 연설, 같은 판매 문구, 같은 강의를 수십 번 되풀이해도 그 신선함만은 잃어서는 안 된다. 익숙함과 노련함은 물론 큰 무기이다. 하지만 내용을 잘 알고 있다고 해도 전달하는 태도에는 항상 신경을 써야 한다. 상대방에게 신선함을 잃은 타성(惰性)이 느껴지지 않도록 노력해야 한다.

항상 처음 시작했을 때의 설렘을 가지고 열정적으로 이야기하자. 열정이 되살아나면 진실함이 전달된다. 그러면 사람들은 당신에게 빠져들고, 당신이 하는 말에 진지하게 귀를 기울이게 될 것이다.

얼마 전 미술관에 간 적이 있다. 다소 난해한 작품 앞에 서 있는데 어느 학생 자원봉사자가 작품을 소개해 주겠다는 것이다. 짧은 설명이었지만 작품에 대해 잘 이해하게 됨은 물론이고, 그 학생의 태도에 대해 큰 감동을 받았다.

외운 것을 그저 반복해서 이야기하는 다른 봉사자와는 다르게 열정적으로 작품을 설명하는 것이 아닌가? 그 학생을 통해 나를 반성하게 되었다. 나는 얼마나 사람들에게 열정적인가? 성인이었다면 직원으로 채용하고 싶을 정도였다. 갑자기 안도현 시인의 「너에게 묻는다」의 시구가 생각난다.

연탄재 함부로 차지 마라

너는

누구에게 한 번이라도 뜨거운 사람이었느냐

당신은 누군가에게 열정적인 모습을 보이고 있는가? 당신은 당신의 일에 얼마나 열정적인가? 열정이란 무언가에 집중하고 있는 모습이다. 누군가를 만났는데 스마트폰에만 집중하여 딴짓을 한다면 결코 열정적이라 할 수 없다.

강의하다 보면 강의에 집중하지 않고 오로지 스마트폰만 만지작거리는 사람들이 있다. 그 사람들은 정말 싫다. 억지로 끌려온 강의장이라도 최소한 강사에게 집중하는 것이 열정적인 사람의 참모습이다. 확신컨대 그런 사람들은 본인의 일이나 주위 사람들에게 충실하지 못할 가능성이 높다.

여성들이 남성에게 가장 매력을 느낄 때를 물으면 많은 경우 자신의 일에 몰입할 때라고 이야기한다. 열정은 몰입이다. 현재의 옆에 있는 사람과 자신의 일에 얼마나 몰입하고 있느냐가 열정의 척도이다.

나는 열심히 사는 모든 사람을 존경한다. 작은 식당이지만 맛있는 음식을 정성껏 내어 주시는 사장님을 진심으로 존경한다. 가끔은 6천 원을 내고 먹는 것이 미안하기도 하고 감사하기도 하다.

공사현장에서 무더위 속에서 땀을 뻘뻘 흘리며 건축자재를 열심히 나르는 일용직 노동자를 존경한다. 그분께 머지않아 더 좋은 일들이 가득하기를 기도한다.

지인 중에 오랫동안 자동차 판매업을 하는 사람이 있다. 오랜만에 예식장에서 뵈었는데 여전히 차에 대한 질문을 해 오는 친척들에게 열정적으로 설명하는 모습을 보았다. 나의 눈에는 그분이 불교 용어로 보살(菩薩)로 보였다.

보살의 뜻은 '깨달음을 구하려 중생을 교화하려는 사람'이다. 그분의 열정적인 모습에 깨달음이 있었기 때문이다. 나는 과연 나의 일에 저토록 오랫동안 열정적일 수 있을까? 일의 귀천(貴賤)을 떠나 열정적으로 사는 모든 사람은 존경받아 마땅하다.

우리는 일생(一生)을 살고 있다. 딱 한 번뿐인 인생이다. 공수래공수거(空手來空手去)라 말하지만 한평생 살며 무언가 이루어 놓고 떠나야 한다고 생각한다. 그것이 자신 인생에 대한 예의라 생각한다.

꼭 대단하고 시대를 흔드는 것이 아니어도 된다. 적어도 남들 앞에 열정적이었다고 말할 수 있는 정도면 충분하다. 사람들은 그런 사람에게 호감이 가는 법이다.

LAW 39

호감을 높이는 칭찬의 달인 되는 방법

칭찬은 인간의 본성에 반(反)하는 행위라고 생각한다. 사촌이 땅을 사면 배가 아픈 것이 인간의 본성이다. 한마디로 인간은 다른 사람들이 잘되는 꼴을 못 본다. 다른 사람이 잘 되는 것을 보기도 힘든데 남이 잘하는 것을 칭찬하는 것은 얼마나 힘든 일이겠는가?

그렇기에 우리는 나를 칭찬해 주는 사람에게 호감을 느낄 수밖에 없는 것이다. 인간의 본성인 질투심을 억누르고 칭찬으로 승화할 수 있는 사람은 적(敵)이 없기 때문에 생존을 위한 유리한 자리를 점할 수 있는 것이다.

칭찬은 왜 호감을 불러일으킬까? 심리학에는 인간의 자동화된 행동유형, 즉 '고정행동유형'이라는 것이 있다. 특정 자극으로 일정한 순서나 방식으로 변함없이 이루어지는 반응행동을 일컫는데 칭찬을 받은 사람은 무조건 기분이 좋아지는 것도 '고정행동유형'에 포함된다. 사람들은 입에 발린 말이라도 칭찬을 들으면 기분이 좋아진다고 한다.

나 역시도 똑같은 인간인가 보다. 누군가가 적극적으로 칭찬을 해 주면 그 사람에게 호감을 느끼게 된다. 이유는 모르겠지만 신은 인간을 상대방의 칭찬에 유난히 약하게 만든 것 같다. 이는 인간에게만 국한된 이야기가 아니다. 식물인 양파조차도 칭찬에 약하다. 칭찬을 들은 양파가 비난을 받은 양파보다 싹이 훨씬 잘 자란다는 이야기가 있다. 수년 전 우리 아들 초등학교 과제에도 양파 칭찬 실험이 있었다. 아쉽게도 칭찬 양파와 비난 양파 모두 집에서 죽고 말았다. 둘 다 물을 제대로 주지 않았기 때문이다.

사람들은 칭찬에 목말라 있다. 정신질환을 앓고 있던 네덜란드의 위대한 화가 빈센트 반 고흐 역시도 칭찬을 정말 듣고 싶어 했었나 보다. 귀가 잘생겼다는 칭찬의 말과 함께 그의 귀를 쓰다듬어 주는 매춘부를 위해 자신의 귀를 칼로 잘라 내밀었을 정도였으니 말이다.

한국인들은 칭찬 듣기를 간절히 원하는 반면, 유난히 칭찬에 인색하다. 칭찬은 정말 크게 칭찬받을 일에만 해야 한다는 보수적인 태도를 가지고 있다. 본인은 정작 작은 일에도 칭찬받고 싶어 하는 욕망을 가지고 있는데도 말이다. 그렇기에 대한민국 사회에서 칭찬을 잘하면 호감이라는 큰 경쟁력을 갖출 수 있다. 사람들은 칭찬을 아부 또는 아첨이라는 말로 폄하하기도 한다. 실제로 칭찬과 아부의 경계는 모호하다.

다음은 칭찬과 아부에 대한 데일 카네기의 명언이다.

"칭찬과 아부를 구별하는 차이는 무엇일까? 답은 간단하다. 한쪽은 진지하고, 다른 한쪽은 무성의한 것이다. 한쪽은 마음속으로부터 나오는 것이고, 다른 한쪽은 이빨 사이에서 새어 나오는 것이다."

답은 간단해졌다. 진지하게 마음속으로부터 나오는 느낌을 상대에게 전달하면 칭찬으로서 가치가 생긴다는 것이다. 개인적으로 칭찬이든 아부든 나에게 긍정적인 말을 해 주는 사람이 더 좋은 것이 사실이다.

그것을 아는 나 역시도 가끔은 너무 솔직해지지 않고 칭찬으로 아름답게 포장해 준다. 내가 잘하는 낯간지럽지만 꾹 참고 하는 칭찬은 다음과 같다.

- "정말 동안이세요."

⇒ 단언컨대 한국 사람들이 가장 좋아하는 칭찬이다.

- "저 연예인 정말 예쁘다. 근데 내 눈에는 네가 더 예뻐."

⇒ 내 아내가 가장 좋아하는 칭찬이다.

- "정 대리, 정말 잘했어. 덕분에 우리 회사가 더욱 가치가 있어 보이는데."

⇒ 내가 정말 직원들에게 하는 칭찬이다.

- "과장님은 항상 적극적이고 긍정적이세요."

⇒ 이 칭찬을 들은 과장님은 나에게 계속해서 적극적이고 긍정적인 태도를 유지한다.

• "이런 멋진 아들이 있어서 난 정말 행복하다."

⇒ 나의 아들도 똑같은 말을 해준다. "나도 멋진 아빠가 있어서 행복해요."

칭찬은 누군가의 인생을 바꿀 수 있다는 관점에서 생각보다 큰 의미가 있다. 다음은 한 유명인사의 칭찬에 대한 일화이다.

제2차 세계대전이 끝난 뒤 먹을 것도 잘 곳도 없는 한 청년이 파리의 한 의상실 앞에서 비를 피하고 있었다. 청년은 이탈리아의 유복한 사업가의 아들로 태어났지만 제1차 세계대전으로 부친의 사업이 망해 가족이 모두 프랑스로 이주했다. 청년은 끼니를 잇기 어려운 형편이라 옷도 사 입을 수 없었기 때문에 스스로 천을 구해 옷을 만들어 입었다. 끝이 보이지 않는 생활고로 절망이 엄습할 때면 이상하게도 그의 발걸음은 의상실 앞에 가 있었다. 어느 날 비를 피해 의상실 앞에서 의상실 안을 들여다보고 있는데 마침 의상실에서 나오던 한 부인이 그를 유심히 바라보고 있더니 물었다.

"어머, 그 옷 참 멋이 있네요. 어디서 맞추었나요?"

"네? 이 옷은 맞춘 것이 아니고 제가 만든 것입니다."

"그래요? 정말로 멋집니다. 당신에게는 옷을 만드는 특별한 재주가 있나 봐요."

그 청년은 이름 모를 한 여성의 칭찬 한마디에 운명이 바뀌었다. 그는 한때 〈타임〉지의 표지를 장식할 만큼 성장하여 '유럽 최고의 디자이너'의 찬사를 받았던 피에르 가르뎅이었다.

상대방에 대한 칭찬은 상대방의 인생을 바꿀 만큼의 큰 힘이 있다고 믿어야 한다. 칭찬도 기술이 필요하다.

다음은 《칭찬은 고래도 춤추게 한다》에 나오는 효과적으로 칭찬하는 방법을 정리한 것이다.

1. 칭찬할 일이 생겼을 때 즉시 칭찬하라.
2. 잘한 점을 구체적으로 칭찬하라.
3. 가능한 한 공개적으로 칭찬하라.
4. 결과보다는 과정을 칭찬하라.
5. 사랑하는 사람을 대하듯 칭찬하라.
6. 거짓 없이 진실한 마음으로 칭찬하라.
7. 긍정적인 눈으로 보면 칭찬할 일이 보인다.
8. 일이 잘 풀리지 않을 때 더욱 격려하라.
9. 잘못된 일이 생기면 관심을 다른 방향으로 유도하라.
10. 가끔 자기 자신을 칭찬하라.

어색하고 낯간지러워도 칭찬을 위해 노력하라. 칭찬은 호감도를 높이는 가장 강력하고 효과적인 전략이자 행운을 높이는 습관이다.

LAW 40

선택을 잘해야 호감이 따라 온다

12시가 되면 곤혹인 사람이 있다. 바로 회사 내에 점심 메뉴를 선택해야 하는 막내 직장인이다. 잘 선택하면 본전이고, 잘못 선택하면 손해다. 선택 스트레스가 많은 사람은 업무보다 점심 메뉴, 회식 메뉴 선택이 더 힘들다고 한다. 그나마 요즘은 스마트폰 도움을 받거나 각자 알아서 선택하는 분위기라서 다행이라고 한다. 하지만 아직까지 막내 직장인에게 "점심 뭐 먹을까?"라는 무서운 질문이다.

점심 메뉴 선택처럼 누구에게는 별것 아닌 선택도 누구에게는 엄청난 스트레스다. 문제는 이런 선택 스트레스가 갈수록 늘어날 거라 생각된다.

현대인은 조상이 누리지 못한 다양한 상품 속에 살고 있다. 나의 어린 시절 조미료하면 두 가지 브랜드밖에 없었다. 선택도 둘 중 하나면 끝이다. 지금은 국내 제조 조미료는 물론 해외 수입 조미료, 천연 조미료, 유아용 조미료 등 정말 다양하다. 이 수많은 조미료 중

하나를 선택해야 하니 어려울 만하다.

선택의 어려움을 역설한 배리 슈워츠 교수가 있다. 그의 저서《점심 메뉴 고르기도 힘든 사람들》에서는 선택 스트레스에 관한 재미있는 실험을 했다. 마트에서 잼 시식 코너를 열었는데 첫 번째 실험은 6종의 잼을 시식할 수 있게 했고, 두 번째 실험은 24종의 잼을 시식할 수 있게 했다. 그리고 두 실험 모두 24종의 잼을 구매할 수 있도록 전시해두었다.

결과는 어땠을까? 6종 잼을 시식할 때 30%가 잼을 구매했지만, 24종의 잼을 시식할 때는 고작 3%만 구매했다고 한다. 실험결과에 배리 슈워츠 교수는 다양성은 오히려 자유를 제약하고, 더 좋은 게 있을지도 모른다는 불안감으로 만족감을 상실케 한다고 설명했다. 실험결과에서 보듯 선택은 사람들에게 스트레스를 준다.

그러면 선택 스트레스를 줄이는 방법은 무엇일까? 바로 최고보다 만족을 택하면 된다. 호감을 느끼는 사람 역시 선택 스트레스 앞에 과감하게 선택하고 최고보다 만족을 느끼는 사람에게 끌리는 법이다.

100% 완벽과 완전무결을 추구하면 선택사항들에 눌려 무너지고 만다. 그래서 최고보다 만족을 택해야 한다. 선택사항에서 만족을 택할 때 자기 철학이 있다면 흔들림 없이 선택할 수 있다.

자기 철학이 있는 사람은 점심 메뉴 선택부터 일생일대 중요한 선택까지 자기 철학을 중심에 두고 선택한다. 그 선택이 최고의 선택이 아니더라도 만족스러운 선택을 해 후회하는 경우가 적다. 우리는 만족을 선택하는 사람의 과감함과 후회하지 않는 자세에 호감을 느낀다.

한 아르바이트 사이트에서 대학생을 상대로 최악의 데이트 행동을 뽑았다. 남녀 모두 5가지로 압축되었는데 그중 하나가 "뭐 먹을까? 뭐 할까?"를 결정하지 못하고 계속 묻는 행동이라고 한다. 특히 여자들은 남자의 우유부단한 모습에서 크게 실망한다고 했다. 당연한 것 아닐까? 남녀관계는 물론 상사나 지인들이 우유부단한 모습에서 호감을 느낄 수 없다. 과감하게 결정하고 결정이 잘못되었다면 사과하는 모습에서 호감이 간다.

남녀가 데이트할 때, 비싸더라도 분위기 좋은 곳을 원한다면 선택의 폭은 줄어든다. 반대로 가성비를 중요시 여기면 싸면서 양 많은 곳 중에 고르면 된다. 그러니 선택의 순간에 빠르게 기준을 세울 수 있도록 자기 철학 만들기 연습을 해야 한다. 그러면 결정에 과감해지고 상대는 그런 모습에 호감을 느낀다.

나관중의 소설 《삼국지》 후반부의 백미는 제갈량과 사마의 사이의 전략싸움이다. 그중에서 탄금주적(彈琴走賊), 즉 거문고를 울려 적을 쫓아내는 장면은 소설다운 허구와 선택과 만족의 관계를 잘 풀어낸 이야기다. 선택 문제에 자기 철학으로 과감한 결정을 한 사마의에게 호감을 느낀다.

제갈량과 촉나라 군대는 양평이라는 곳에 주둔한다. 제갈량은 대장군 위연에게 병사를 주고 조조군을 공격하게 한다. 양평에는 병들고 약한 소수의 군대만 있었다. 그의 라이벌 사마의는 많은 정규 군대를 이끌고 제갈량이 있는 양평으로 간다. 전운이 감도는 가운데 병들고 약한 군대로 사마의 정규군을 상대할 수 없었다. 제갈량은 도망치면 잡힐 상황이고, 성을 지킨다 해도 함락은 불 보듯 뻔했다.

제갈량은 사마의가 의심이 많다는 사실을 잘 알고 있었다. 그래서 세심한 연극을 준비한다. 성문을 활짝 열고 귀한 손님맞이 하듯 청소를 해놓는다. 연극의 주인공이 될 제갈량 역시 깨끗한 옷을 입고 성루에 올라간다. 잠시 후 사마의를 환영하듯 거문고를 연주한다. 어리둥절한 상황이 사마의에게 보고된다. 사마의는 행군을 멈추고 직접 눈으로 확인한다. 정말 제갈량은 거문고를 연주하고 있었다.

이런 상황에서 군대 지휘자로서 사마의는 선택해야 한다. 돌격 아니면 퇴각이다. 이때 사마의는 자기 철학으로 최고보단 만족을 선택한다. 바로 퇴각이다. 사마의 군대는 제갈량을 사로잡고 촉나라를 멸망시킬 목적으로 출병한 군대는 아니다. 침공을 막기 위해 파견된 군대다. 제갈량의 군대는 사마의의 출현으로 침공이 저지당했다. 기본적인 목적이 달성되었다.

또한 토사구팽(兎死狗烹)이란 사자성어가 있듯 천재 전략가 제갈량을 막을 수 있는 인물은 사마의밖에 없었다. 제갈량을 사로잡으면 사마의는 더 이상 필요한 인물이 아니었다. 언제든 '팽' 당할 수 있다. 만약 돌격을 외쳤는데 제갈량이 꿍꿍이가 있어 전투에서 패한다면 사마의는 패배한 장수로 기록될 수 있다. 제갈량을 사로잡으면 100점짜리 최고의 선택일 수 있지만 전후좌우를 살펴보고 최고보다 만족을 택하는 사마의는 퇴각을 명령하고 제갈량은 도망친다.

사마의는 제갈량을 막았다는 만족을 택한 것이다. 이 모습에 《사마의》를 집필한 중국 자오위핑 교수는 사마의에게 호감을 느꼈다고 한다. 나 역시 이 부분에서 과감하고 현명한 선택에 호감을 느꼈다.

우리 역시 선택하는 자세에 따라 상대방에게 호감을 줄 수 있고, 호감을 떨어뜨릴 수 있다. 수많은 선택 문제에서 최고를 선택하지 못함을 후회하기보다 자기 철학을 가지고 만족을 선택할 수 있도록 해야 한다.

수많은 선택 문제에서 자기 철학을 갖기 위해 무엇을 해야 할까? 가장 먼저 자신의 결정 성향을 알아야 한다. 대체로 두 가지로 나눌 수 있다.

1. 직관적 결정 선호
2. 이성적 결정 선호

직관적 결정 선호는 데이터나 통계, 이성적 논리 구조가 없어도 자신의 결정을 믿으며 자기 확신이 강하고 상상력이 풍부하다. 이런 사람은 자기 철학을 만들 때 가치 기준을 미리 설정해야 한다. 예를 들어 '브랜드가 좋은 것', '값이 싼 것'처럼 말이다.

이성적 결정 선호는 논리가 있으며 과거 데이터가 있어야 결정한다. 이런 사람은 자기 철학을 만들 때 일정한 패턴으로 결정 구조를 만들 필요가 있다. 예를 들어, 점심 메뉴를 결정할 때 블로그 입소문 파악, 식당 문 앞에서 고객 수 파악, 동료에게 물어보기 등 같은 일정한 패턴을 설정하는 것이다. 이런 습관이 쌓이다 보면 큰일을 결정할 때 유사한 논리 구조로 접근할 수 있다.

직관적 결정 선호 vs 이성적 결정 선호. 둘 중 하나만 정답은 아니다. 자신에 맞는 걸 찾고 자기 철학을 만드는 데 도움을 받으면 된다.

우유부단한 사람에게 호감을 느끼는 사람은 없다. 선택 앞에 있다면 과감히 선택하고 선택한 것에 최선을 다하며, 결과가 부족해도 만족스러운 사람에게 호감을 느낀다. 우리는 수많은 선택의 기로에 서 있다. 자기 철학을 가지고 선택에 임하자. 자기 철학을 가지고 선택한 건 많은 사람을 끌어올 수 있다.

LAW 41

T.P.O. 전략으로 호감에 세련미를 장착하자

T.P.O.란 Time, Place, Occasion을 함축한 말이다. T.P.O.는 본래 일본의 패션디자이너 이시즈 켄스케가 만든 용어로 패션업계에서 처음 사용되었다. T.P.O.는 시간, 장소, 상황에 따라 옷을 입어야 함을 강조하는 단어이다. 이를 통해 세련미와 함께 전문성을 강조할 수 있다.

개인적으로 패션에 대해서는 뛰어난 감각이 있는 사람이 아니라 패션에 관한 이야기는 최소화하고 싶다. 그래도 강의할 때나 고객을 만날 때는 정말 T.P.O.에 신경 쓴다. 사람들이 내가 수트 입을 때 그럭저럭 보기 좋다고 한다. 인정하기 싫지만 평상시에는 패션 테러리스트에 가깝기 때문이다. 나의 T.P.O. 전략 중 하나는 강의나 미팅 갈 때 해당 기업의 로고 색에 넥타이 색을 맞추는 것이다. 예를 들면, 삼성에 갈 때는 파란색 넥타이를, 대한적십자사에 갈 때는 빨간색 넥타이를 착용한다.

다음은 직장 여성을 위한 추천 T.P.O. 전략의 한 예이다.

〈월요일〉 회의가 있는 날

차분한 컬러의 목 폴라티와 가디건을 매치해주어 단정해 보이면서도 믿음직한 인상을 심어주는 코디를 한다. 무릎 위로 살짝 올라오는 새틴스판스커트로 단정함을 더욱 부각한다.

〈화요일〉 외부미팅이 있는 날

편안하면서도 단정한 코디를 추천한다. 힙을 살짝 덮어주는 노카라롱자켓으로 심플함과 고급스러움을 한번에 해결할 수 있다.

〈수요일〉 중요한 프레젠테이션이 있는 날

중요한 발표가 있기 때문에 당신의 인상은 평소보다 더 신뢰감 있어 보여야 한다. 화이트셔츠에 블랙슬림핏팬츠를 코디하여 커리어우먼의 당당하고 멋진 모습을 부각시킨다. 블랙셔츠에 그레이슬림핏팬츠도 멋진 코디이다.

〈목요일〉 야근이 많은 날

다른 날보다 편안하게 코디한다. 아무리 편하다고 직장에 트레이닝 웨어를 입고 나올 순 없다. 최대한 편안한 코디를 완성해 본다. 굳이 앉을 때 옷이 올라올까 봐 신경 쓸 필요가 없는 롱셔츠에 롱가디건을 입어주는 코디가 필요하다.

〈금요일〉 주5일 근무의 마지막 날, 저녁약속이 있는 날

평소 조금은 평범하고 심심했던 옷차림에서 벗어나 오늘은 소매가 없는 새틴원피스에 가디건 자켓으로 코디한다. 자켓만 벗으면 파티룩 느낌이 나는 코디로 변신할 수 있다.

〈토요일〉 오늘은 워크숍 가는 날

주말 외출이 귀찮다고 스타일을 포기할 수는 없는 법이다. 업무에 시달려 몸은 무겁기에 마음도 가볍고 코디도 가볍게 한다. 코디하기 편하면서도 사계절에 모두 어울리는 단벌 원피스로 코디해보자.

참고로 패션관리뿐만 아니라 시간관리에도 T.P.O. 전략이 존재한다. T는 시간(Time)을 의미한다. 시간에 돈이라는 개념을 적용하여 가계부 적듯이 시간을 관리하는 것을 말한다. P는 우선순위(Priority)를 말한다. 공간정리를 할 때 큰 것을 먼저 들여놓듯이 시간관리도 마찬가지이다. 중요한 것을 먼저 해야 한다. O는 기회(Opportunity)를 상징한다. 미래를 구체적으로 계획하여 기회를 선점하자는 의미이다.

패션이든지 시간이든지 T.P.O. 전략에 의해 관리해야 한다. 철저한 자기관리는 나의 호감 상승 계획에 방점을 찍을 수 있는 최고의 전략이다.

LAW 42

행운을 끌어당기는 한마디

"요즘 바쁘시죠?"

만약 당신이 정말 바쁜데 다음과 같은 질문을 받았다면 당신은 어떤 대답을 할 것인가? 기본적인 정보와 안면만 있는 사람과 통화할 때 물으면 대답은 크게 3가지다.

A: "네. 바쁩니다."

B: "바빠 죽겠습니다."

C: "감사하게도 바쁘네요."

A는 보통의 답변이다. 안타까운 건 뒤에 이어질 말이 없다. 빠르게 다음 화제로 넘어가야 한다. B는 바쁘면 바쁜 것인데 죽겠다는 표현을 보면 지쳐있다는 느낌이 강하다. 왠지 함께 일하기 꺼려진다. C가 정석적인 답변이라 생각된다. 바쁘다는 뜻은 일이 많다는 의미다. 요즘 같은 시대에 일이 많다는 건 좋은 일이다. 감사하다고 말하

니 좋은 일이 더욱 늘어날 것이다. 감사에도 두 가지 태도가 있다고 한다. 소극적인 감사와 적극적인 감사이다.

소극적인 감사는 감정의 지배를 받으며 뭔가 기분 좋은 일이 생길 때만 고마움을 느끼거나 표현하는 것이다. 반면 적극적인 감사는 우리에게는 생각을 선택할 권리가 있다고 전제하는 것이다. 무엇인가를 소중하게 여기기 위해 기분 좋은 일이 일어날 때까지 기다릴 필요가 없다. 어떤 사람이나 물건이 자신의 삶에 유익함을 주기 전에 먼저 그들을 가치 있게 여길 능력을 가졌기 때문이다. 쉽게 말해서 내가 가진 것들에 대해 감사하는 것이다. '사전에 표현'하는 감사의 에너지를 통해 감사할 수 있는 상황, 즉 '행운'을 강력하게 끌어들인다고 믿어야 한다.

다음은 "나는 얼마나 감사하고 살고 있는가?"에 대한 자가 진단지이다.

1 강한 부정 | 2 부정 | 3 약한 부정 | 4 중간 | 5 약한 긍정 | 6 긍정 | 7 강한 긍정	
A. 나에게는 감사할 일이 매우 많다.	1 2 3 4 5 6 7
B. 만일 감사할 일의 목록을 모두 적는다면 매우 길 것이다.	1 2 3 4 5 6 7
C. 나는 여러 사람들에게 고마움을 느끼고 있다.	1 2 3 4 5 6 7
D. 나이가 들면서 내 인생의 한 부분을 장식했던 사람이나 사건, 상황에 대해 점점 감사한 마음이 들기 시작한다.	1 2 3 4 5 6 7
7 강한 부정 | 6 부정 | 5 약한 부정 | 4 중간 | 3 약한 긍정 | 2 긍정 | 1 강한 긍정	
E. 주변을 둘러볼 때 감사할 일이 많지 않다.	7 6 5 4 3 2 1

F. 내가 누군가 혹은 무엇인가에 감사하게 되려면 많은 시간이 지나야 할 것 같다.	7 6 5 4 3 2 1

29점 이하: 감사하며 살기 위한 노력이 좀 더 필요하다.
30점 이상: 인생을 감사하는 마음으로 살기 위해 노력하고 있다.
36점 이상: 항상 인생을 감사하는 마음으로 살고 있다.

_뵐르 C. 넬슨 · 지니 르메어 칼라바, 《소망을 이루어 주는 감사의 힘》 중에서

지문(指紋)과 심리를 동시에 다룬 박경은 저자의 책 《혼자 견디는 나를 위해》를 보면 감사의 힘을 한 개그맨을 통해 알 수 있다고 한다. 개그맨 이상훈은 29세라는 나이에 데뷔한다. 연예인을 시작하기에는 늦은 나이다. 3년이 넘도록 특별한 두각을 나타내지 않다가 '감사합니다'라는 코너를 하며 인기가 상승했다. '감사합니다'는 어떤 상황에도 "감사합니다."를 외치며 개그를 해나가는 코너인데 "감사합니다."를 계속 외치니 정말 감사할 일이 일어났다. 톱스타만 찍는다는 통신 CF를 찍고 〈개그콘서트〉 간판 코너에 출연하게 된 것이다.

〈개그콘서트〉가 폐지된 현재는 구독자가 30만 명인 중대형 유튜버로 성장하여 활동 중이다. 본인의 인기로 사람을 모으고 브이로그를 찍어 올려서 유튜브를 부업 정도로 삼은 개그맨 동기들에 비해서, 자신이 관심을 가진 전문 콘텐츠로 승부하여 자신만의 길을 가는 유튜버로 좋은 평가를 받고 있기도 하다. 먼저 "감사합니다."를 외치니 감사할 일이 생긴다고 박경은 저자는 이야기한다. 이처럼 감사할 일이 있어야 감사하다 말하지만 반대로 감사할 일이 없어도

감사를 외치면 좋은 일이 생기는 것 같다.

미국에서 오랫동안 가장 높은 호감도를 유지하는 여성은 오프라 윈프리이다. 그녀는 감사일기를 쓰는 것으로 유명하다. 그녀가 쓴 감사노트의 일부분이다.

"오늘도 거뜬하게 잠자리에서 일어날 수 있어서 감사합니다.
유난히 눈부시고 파란 하늘을 볼 수 있어서 감사합니다.
점심때 맛있는 스파게티를 먹게 해 주셔서 감사합니다.
얄미운 짓을 한 동료에게 화내지 않게 해준 저의 참을성에 감사합니다.
좋은 책을 읽었는데 그 책을 써준 작가에게 감사합니다."

조금 억지스럽지만 불평을 감사로 바꿔 행운을 끌어당기는 비법을 훈련해 보자.

불평 1

"화장실 창문 닫는 걸 잊어버리다니, 이런 바보 멍청이 같으니라고! 열린 창문을 통해 고양이가 나가 버렸네."

감사 1

"그래, 화장실 창문 한 번 안 닫았다고 바보 멍청이는 아니지. 고양이는 항상 밖으로 나가고 싶어 했어. 전에도 그런 적이 있잖아. 그리고 항상 다시 집으로 들어왔으니까, 오늘도 저녁에 집에 가면 와 있을 거야. 고양이에게는 집 찾는 능력이 있으니 얼마나 감사한지 몰라."

불평 2

"괜찮은 사람들은 다 임자가 있어!"

감사 2

"지구상에는 수십억의 사람들이 살고 있고 내 주위에만 해도 수백만이 살고 있음을 감사해야지. 그중에서 나한테 맞는 사람이 반드시 있을 거야!"

내 지인 중에는 식당에서 항상 불평하는 사람이 있다. 테이블이 살짝 끈적이는 것을 가지고 직원에게 큰 불평을 하기도 하고, 6천 원짜리 밥값을 계산하면서 반찬이 부족하다며 사장에게 화를 낸다. 지인은 어딜 가나 항상 단점을 찾는다. "이거 하나가 아쉽네."가 지인이 달고 사는 입버릇이다. 지인에게 세상은 항상 아쉬운 것 투성이다. 어느 순간 지인과 자연스럽게 멀어지게 되었는데 다른 사람들도 거리를 두는 것 같다. 항상 부족한 것만 지적하는 지인과 함께 시간을 보내는 것이 더 이상 즐겁지가 않기 때문이다. 예전에 개인적으로 중국집을 크게 벌였다가 망했던 적이 있다. 그 이후 식당에서 불평 없이 진심으로 감사하는 마음으로 먹는다. 1만 원 이내로 제공받는 음식이 얼마나 값진 것인지 잘 알고 있기 때문이다. 특히 식당에서는 "감사합니다."라는 말을 수도 없이 한다. 그 금액에 귀한 음식을 먹는다는 것에 정말 감사하기 때문이다.

다음 실험을 보자. 미국 텍사스 주립대의 맥클러 박사는 '감사'에 대한 실험을 했다. 사람들을 세 그룹으로 나누어 다음과 같이 적게 했다.

1그룹 (100명): 오늘 일어난 일들을 모두 적으시오.

2그룹 (100명): 오늘 기분 나빴던 일들을 모두 적으시오.

3그룹 (100명): 오늘 감사했던 일들을 모두 적으시오.

3주 후 결과는 예상 밖으로 충격적이었다.

1그룹: 3주 내내 그저 그렇다고 대답했다.

2그룹: 3주 내내 친구들과 많이 다투었고 애인과 헤어졌고 위장병도 많이 걸렸고 기분이 나쁘다고 대답했다.

3그룹: 3주 내내 행복했다고 답했다. 거의 스트레스도 받지 않았으며, 아픈 사람도 없었다고 대답했다.

맥클러 박사는 '감사'에 대해 다음과 같이 정리했다.

감사하는 사람은 스트레스를 잘 받지 않는다.

감사하는 사람은 다른 사람보다 더 행복하다고 느낀다.

감사하는 사람은 힘이 넘치고 병에 잘 걸리지 않는다.

감사하는 사람은 다른 사람에게도 기쁨을 준다.

감사와 불평은 바이러스와 같아서 다른 사람을 전염시킨다.

사소한 배려를 받아도 "감사합니다."를 말하면 상대는 큰 감동을 받는다. 사실 말 한마디는 비용이 들지 않는다. 정말 감사하는 마음과 말로 표현하면 될 뿐이다. 호감을 사는 방법도 "감사합니다."를 외치면 된다. 너무 쉽지만 실천은 어렵다. 이유는 간단하다. 상대가 나를 가볍게 볼 거라는 걱정 때문이다. 강의장에서 수천 번 수만 번 "감사합니다."를 외쳐도 가볍게 보는 사람은 없다. 오히려 겸손한 사람으로 보고 호감을 내보인다.

때에 따라 말로 하는 감사 말고도 다른 방법이 있다. 간단한 선물, 악수, 포옹, 제스처가 있다. 말과 함께 한다면 효과는 배가 된다. 중요한 건 여전히 실천이다. 실천하지 않은 감사는 마음의 빚일 뿐이다. 마음의 빚을 훌훌 털어버리고 감사를 표현해 호감을 얻자.

PART 6

호감을 부르는 실전 전략 Ⅱ

LAW 43

선물은 양날의 검

어버이날, 일 년에 하루만이라도 부모님 은혜를 잊지 말자는 뜻깊은 날이다. 이런 뜻깊은 날 조금 특별한 어버이날을 보내기 위해 국악공연을 간 지인이 있다. 그가 국악공연을 선택한 이유는 포스터에 '효(孝)'자가 크게 있었기에 부모님이 좋아할 거라고 생각했다. 5월 8일 한 대학 체육관에서 공연이 시작되었다. 따스한 5월 햇빛과 평소 국악을 듣지 않았던 지인은 졸음이 왔다고 한다. 그래도 부모님이 즐거워하는 모습에 흐뭇한 시간을 보냈다. 공연이 끝나고 저녁 식사 자리에서 화장실을 갔다 오면서 부모님 대화를 엿듣게 된다.

"지루해서 힘들었네."

"애들 생각하는 게 그렇지. 그래도 우리 생각해 준 건데."

부모님 역시 국악공연이 지루했던 것이다. 지인은 나이가 들면 다 국악을 좋아할 줄 알았고 포스터에 효(孝)가 있어서 부모님이 즐거워할 줄 알았다. 하지만 결과는 정반대였다. 다음 해에는 어버이날 무엇을 원하시는지 부모님께 직접 물었다고 한다. 원하시는 것은 결국 현찰과 저녁 식사 정도였다. 부모님이 원하는 효와 지인이 생각하는 효의 모습이 달랐던 것이다.

선물도 마찬가지 아닐까? 주는 사람은 상대를 생각해 준 선물이지만 상대는 오히려 불편할 수 있다. 그리고 이런 일은 우리 일상에서 비일비재로 나타난다.

특별한 무언가 주고받음 없이 서로 호감을 느끼는 일이 가장 좋은 호감이지만 때에 따라 호감을 얻기 위해 선물을 사용할 때가 있다. 선물을 줄 때 상대를 최대한 배려하지 않으면 오히려 낭패를 보게 된다. 더욱이 선물을 받는 사람은 물론 주변 사람까지 고려해야 할 때 선물은 더욱 신중해야 한다.

직장인끼리 명절날 선물을 주고받을 때가 있다. Y 씨 역시 부서 사람들에게 감사한 마음으로 작은 선물을 준비했다. Y 씨는 정말 순수한 마음이었고 연휴 전날 개별적으로 선물을 주었다고 했다. 문제는 예상치 못한 곳에서 터졌다. Y 씨 바로 위 선배는 아무것도 준비하지 못했다고 한다. 선배는 Y 씨를 조용히 불러 따지듯 물었다. "네가 선물을 주면, 준비 안 한 나는 뭐가 되니?" 예상치 못한 질문에 당황한 Y 씨는 생각이 짧았다고 말하고 넘어갔다고 한다. 그 일이 있고 나서 선물은 줘도 손해, 안 줘도 손해라는 답답한 마음을 내비쳤다. Y 씨처럼 개인 대 개인으로 준 선물이라도 주변 사람의 눈치를 살펴야 하는 게 선물의 특징이다. 아무리 순수해도 주의사항이 많은 게 현실이다. 여러 사람에게 선물을 줘야 한다면 다양한 상황을 고려하여 좀 더 신중할 필요가 있다.

과도한 선물 역시 오히려 손해를 보게 한다. 선물 받은 상대는 즐거워하고 고마워해야 하지만 예상치 못한 로비성 또는 대가성 선물일까 봐 부담스러워한다. 선물을 받았으니 무언가 해줘야 한다는 부담이다. 선물에 대한 적정선은 존재한다고 믿는다. 과도한 선물은 주지도 말고 받지도 말자. 그것이 선물로 만들어진 호감이 아닌 순수 사람과 사람으로 이어진 호감이라 생각된다.

잘못 쓰면 오히려 손해를 보고 잘 쓰면 몇 배 힘을 발휘하는 선물을 잘 주는 방법은 무엇일까? 바로 상대가 가장 필요로 하는 걸 찾아 의미를 부여해 주는 일이다.

신입사원 강의를 나가면 2015년에 출간한 《인간관계가 답이다》라는 책을 들고 간다. 인간관계에 대한 이야기지만 직장 안에서 벌어지는 수많은 상황을 정리한 책이다. 이 책에 나와 있듯 직장 업무는 미리 연습할 수 있지만, 직장 안의 인간관계는 연습이 없고 실전뿐이다. 직장 안에서의 인간관계 고민을 가장 많이 하는 사람이 신입사원이다. 이 책을 강의에서 선물로 준다. 줄 때 저자 사인은 물론 특별한 의미를 가지라고 상황에 맞는 메시지도 함께 적어준다.

한 식품회사 신입사원 교육으로 기억한다. 8시간 동안 팀별로 커뮤니케이션 강의를 했다. 강의 종료 마지막 30분을 앞두고 소감 발표를 했는데, 유난히 앳된 여자직원이 울음기 있는 목소리로 소감을 말했다. 대학도 졸업하지 않고 조기 취업한 그녀는 수습 3개월 동안 이리 깨지고 저리 깨졌다고 했다. 3개월 동안 자기 말 들어주는 사람은 없고 부모님이나 친구들은 직장생활은 원래 그렇다면서 누구 하나 자신을 알아주는 사람이 없었다고 말했다. 오늘 강의에서 팀원들이 자기 말도 들어주고 각종 게임에서 자기 의견을 반영한 것이 기쁘다고 말을 이었다. 다시 실무로 복귀하는 것이 부담스럽다는 말도 이어졌다.

책 선물을 주고 싶었다. 강의가 끝나고 차로 뛰어가 책을 한 권 꺼내 사인을 하고 그녀에게 주었다. 그날 저녁 긴 문자가 하나 왔다. 요약하면 강력하게 현실적인 조언을 담은 책을 집필해주어서 고맙다는 문자였다. 그 후 종종 이메일을 주고받고 있다. 지금 생각해도 그녀의 현 상황에 딱 맞는 책 선물이라 생각한다. 이처럼 선물은 상대가 필요로 하는 걸 찾고 의미를 부여할 때 호감을 살 수 있다. 선물은 나를 위한 것이 아닌 상대를 위한 것이라는 사실을 잊지 말자.

다음은 선물을 줄 때 피해야 할 것들이다. 선물을 주기 전에 반드시 확인해 손해 보지 말자.

첫 번째, 적절한 타이밍인가.

메신저로 선물을 주는 방법이 있다. 생일날 새벽에 잠들어 있는

데 메신저가 울렸다. 생일축하 메시지와 선물쿠폰이 온 것이다. 선물을 받아 기쁘지만 단잠을 깨운 기억이 있다. 선물을 줄 때 최적의 타이밍인가를 고민하자. 다시 한번 말하지만 선물은 상대를 위한 것이니 타이밍도 배려해야 한다.

두 번째, 주변 사람들을 고려했는가.

1 : 1 상황이면 큰 문제가 될 것 없지만 여럿이 있을 때는 상황이 달라진다. 때에 따라 선물을 받는 사람 역시 주변 사람 때문에 민망할 수 있다. 또한, 편파적인 선물 공세로 보일 수 있으니 주변 사람을 고려하자.

세 번째, 특별함이 있는가.

같은 선물이라도 의미를 부여한다면 상황이 달라진다. 작은 손편지, 선물의 의미 알려주기 등 나만의 특별함을 배려해 선물의 효과를 극대화하자.

우리 삶에 선물이 없다고 생각해 보자. 설렘은 많지 않을 것이다. 선물은 우리에게 특별한 의미를 주는 행동이다. 호감을 위해서, 아니면 순수한 의미에서 선물을 한다면 그 뜻이 왜곡되지 않게 제대로 주자. 상대에 대한 정보, 배려, 그리고 의미를 부여한다면 선물은 큰 호감을 이끌어 올 것이다. 선물로 호감을 극대화하자.

LAW 44

과도한 리액션의 악영향

'달인' 하면 떠오르는 사람이 있다. 두말할 것 없이 개그맨 김병만이다. 〈개그콘서트〉의 '달인'이라는 코너에서 8분 촬영에서 8초를 웃기기 위해 8,640분을 연습한다고 한다. 연습량 자체가 달인이라 생각된다. 이런 김병만을 다룬 tvN 〈SNL코리아〉라는 프로그램에서 사람들이 자기를 달인으로 본다는 부담을 희극적으로 표현했다. 보는 사람마다 자기를 달인으로 보니 모든 일을 달인처럼 해야 한다는 부담을 지고 살아간다는 것이다. 일종의 직업병을 재미있게 표현한 일이다.

내 주변에도 직업병이 시도 때도 없이 나오는 사람들이 있다. 한 강사와 식사할 기회가 있었다. 첫 이미지는 수려한 외모에 똑 부러지는 목소리가 매력적이었다. 하지만 시간이 지날수록 빨리 자리를 뜨고 싶었다. 사소하고 평범한 말을 해도 과도한 리액션을 취하는데 특히 부담을 준 건 웃음소리였다. 진심이 있는 웃음인지, 나를 배려하는 웃음인지 모르는 웃음이었다. 분명한 건 서로가 좋은 분위기에서 웃는 웃음이 아니라는 걸 알 수 있었다. 갈수록 부담이 커져서 나의 마음을 넌지시 말하고 싶었다. 강의가 아니니 편하게 하셔도 된다고 말하자 그 강사는 지금 편한 것이라고 말했다. 하지만 나는 불편해 더 이상 말하기 싫었다. 친절한 미소, 상대에 대한 리액션 등 호감을 살만한 좋은 조건이 있었지만 과도함 때문에 빛을 발휘하지 못하고 있었다.

앞서 설명했지만 상대가 말할 때 리액션은 흥을 돋우고 대화를 끌어내는 윤활유 같은 존재다. 이런 리액션을 과도하게 하면 상대는 불편함을 호소할 수 있다. 운을 끌어당기는 일은 자연스러움을 전제로 한다. 인위적으로 운을 끌어당길 수 없다. 과도한 리액션은 인위적으로 끌어당기는 부자연스러운 행위다. 적정선을 지킬 줄 알아야 한다.

과도한 리액션을 하는 사람은 상대를 즐겁게 해야 한다는 생각이 가득 찬 사람일 수 있다. 아니면 어쩔 수 없는 환경 때문에 과도한 리액션을 하는 것이다. 직장인들의 고민 중 하나가 상사가 유머를 할 때라고 한다. 재미있으면 상관없지만 재미없는 유머에 어느 정도 리액션을 취해야 할지 모른다고 한다. 과도하면 아부한다고 주위 동료들의 눈총을 받고, 리액션을 안 하면 상사가 실망하기 때문이다. 이때 유머를 하는 상사의 마음을 헤아리면 어떨까? 박수를 치고, 박장대소하는 오버가 아닌 빙긋 웃어줄 수 있지 않을까 생각한다.

과도한 리액션을 피하기 위해선 상대를 잘 살필 필요가 있다. 상대의 표정이나 제스처, 반응을 보지 않으면 부자연스러운 리액션에 상대는 부담을 느낀다. 호감에서 중요한 건 나 중심이 아닌 상대 중심이란 사실을 잊지 말아야 한다.

다음은 과도한 리액션을 피하는 방법이다.

첫 번째, 주변 분위기에 맞는 리액션을 취한다.

리액션을 해야 한다는 강박관념으로 혼자 흥에 취해 오버할 수 있다. 여기서 주변 분위기를 판단하며 리액션을 보여야 한다. 분위기가 엄숙하고 조용하면 리액션도 조심스럽게 해야 한다.

두 번째, 상대를 살펴야 한다.

상대는 리액션이나 칭찬을 받을 의도로 말하지 않았는데 리액션이 강하다면 상대는 너무 오버한다고 생각할 수 있다. 상대가 말하는 의도를 잘 헤아려야 한다. 그리고 거기에 맞는 리액션을 취해야 한다.

과유불급(過猶不及)이라는 사자성어가 있다. 과한 것은 부족한 것만 못하다는 뜻이다. 리액션에 적용되는 말이다. 상대를 배려한다면 무조건적인 리액션보다 상대를 헤아리면서 적정선을 지켜야 한다. 운은 자연스럽게 오는 법이니 리액션 역시 나와 상대 모두 자연스럽다는 것을 느끼게 하자.

LAW 45

기웃거리면
가벼운 사람으로 끝난다

30년 전 직업적으로 중간지대가 없어지고 있다고 경영전문가들은 진단했다. 자동화기계의 등장으로 어중간한 실력, 어중간한 일처리 능력을 가진 사람은 사라진다는 뜻이었다.

지금 어떠한가? 인간적인 면에서 잔인할 수 있지만 어중이떠중이 같은 실력으로는 이 세상은 살아가기 더 힘들어졌다. 타의 추종을 불허하는 자신의 재능이 있어야 한다. 즉, 자신만의 '그 무엇'이 없다면 점점 힘들어질 것이다.

잘 의식하지 않지만 우리가 태어나서 가져올 수 있는 유일한 자원은 '시간'뿐이다. 나머지는 부모나 사회가 준 자원이다. 부모나 사회가 아무리 많은 자원을 줘도 시간을 잘 못 활용하면 빛을 발산하지 못한다.

반대로 부족한 자원 속에서 시간을 적절히 활용해 성공한 사람도 많다. 타의 추종을 불허한 '그 무엇'을 만든 사람은 시간을 잘 활용한 사람이다. 즉, 시간을 자원관점으로 제대로 활용한 사람들이다.

호감도 마찬가지다. 상대에게 호감을 얻기 위해선 시간이라는 자원을 투자해야 한다. 시간 투자 없이 호감을 그냥 얻을 수 없다. 문제는 다양한 사람, 다양한 모임에서 모두에게 호감을 얻기 위해 기웃거리는 사람이 많다는 것이다. 안타깝게도 시간만 흘러간다는 사실을 모른 채 많은 걸 낭비를 한다.

성격적으로 거절을 못 하는 O 씨가 있다. SNS에 자기 근황을 잘 올리는 편인데 모임이 참으로 많다. 동창 모임은 물론 업무 관련 모임, 자기계발 모임 등 모임이 겹치는 날에는 세 군데까지 모임을 간다. 직업상 모임에 가야 하는 것도 아닌데 모임이 많다.

모임에서 임원을 하는 것도 아니고 인맥을 활용하는 것도 아니었다. 사연을 들어보니 지인들이 모임을 권유하면 다 들어간다는 것이다. 주말이면 모임을 쫓아다녀야 하니 피곤한 건 당연했다. 더 큰 문제는 얼굴만 잠깐 비추고 사라진다는 것이다. 모임 내에 O 씨가 있는지도 모르는 사람들도 있었다. 기웃거리다가 시간만 버리는 꼴이다.

그의 SNS를 보면 오라면 다 가는 가벼운 사람처럼 보일 거라는 생각이 든다. 차라리 불필요한 모임을 줄이고 꼭 필요한 모임의 임원이 되는 게 큰 도움이 될 수 있다. 아니면 혼자 있는 시간을 늘려 자신만의 미래를 준비하는 게 더욱 좋겠다는 생각이다. 지금 다양한 모임을 하고 있다면 모임에 대한 재정립이 필요하다. 모임이 많다고 무조건 좋다고 할 수 없다. 당신은 그 모임에서 어떤 호감을 발휘하고 있는가 생각해 보자.

기웃거리는 일이 문제가 되는 건 자신을 내밀화시킬 수 있는 시간이 부족하다는 데 있다. 앞서 이야기했듯 사람들은 전문가를 좋아한다. 전문가가 되기 위해선 일정 이상 혼자만의 시간이 필요하다. 여기저기 기웃거리면 시간이 부족하다. 고로 사람들에게 호감을 살 수 있는 전문성이 떨어진다.

사람들은 종종 묻는다. 전문가가 되기 위해선 사람을 만나야 하는지, 혼자만의 시간이 필요한지 말이다. 혼자만의 시간이 절대적으로 필요하다. 그래서 혼자만의 시간을 가진 사람은 타인의 혼자만의 시간을 존중해준다. 반대로 다른 사람이 기웃거리고 있다는 걸 쉽게 알 수 있다.

가벼운 사람은 누구에게도 호감을 얻지 못한다. 모든 걸 다 얻어 보겠다는 심정으로 모든 모임, 모든 사람에게 호감을 얻으려는 실수를 하지 말라. 100% 모든 사람은 당신을 좋아하지 않는다. 그러니 100% 모든 사람에게 호감을 얻을 필요도 없다.

당신에게 꼭 필요한 사람, 맞는 사람에게 호감을 얻어라. 그렇기 위해선 시간을 자원관점으로 볼 필요가 있다. 시간은 언제나 한계가 있다. 그 시간을 적절히 활용해 호감을 사는 게 현명하다.

지금 모임이나 만남 때문에 힘들다면 정리하는 용기를 갖자. 가장 먼저 호감을 사야 하는 존재가 나 자신이다. 모임이나 만남 때문에 자신이 힘들어지면 사회생활 자체가 힘들어진다. 또한, 모든 사람에게 100% 호감을 얻겠다는 마음을 줄이자. 그 시간에 자신의 마음을 단단하게 하는 방법을 고민하는 게 더 현명하다.

LAW 46

오버된 칭찬의 오버효과

강한 긍정의 긍정은 부정이란 말이 있다. 간단한 예로 엄마가 사고 친 아이에게 "참! 잘한다."처럼 말은 긍정이지만 실제 숨은 뜻은 부정이다. 아이가 눈치가 있다면 자신을 혼낸다는 걸 알 수 있다. 우리 언어 속에도 긍정 속에 부정이 참으로 많다.

여기서 언어에 대해 생각해보자. 언어란 실체가 없는 존재다. 성대가 진동을 주면 귀는 진동을 받는다. 진동에 따라 머릿속에 담긴 이미지를 형상화하는 게 언어다. 이 언어 때문에 사람을 죽일 수도 있고, 살릴 수도 있다. 그래서 언어는 신중해야 한다. 뉴스만 봐도 언어 때문에 여러 가지 사건 사고가 터진다. 칭찬은 언어를 기본으로 한다. 즉, 말로 하는 일이다. 칭찬 역시 잘못하면 오히려 손해를 볼 수 있다.

종종 오버하는 칭찬을 하는 사람을 볼 수 있다. 이것이 칭찬인지 비꼬는 일인지 헷갈릴 때가 있다. 특히 여러 사람 앞에서 오버하는 칭찬은 더욱 화를 불러일으킨다. 악의적이라는 사실을 쉽게 알 수 있다. 반대로 의도치 못하게 칭찬이 칼로 돌아오는 경우도 있다. 순수한 의미에서 칭찬했다가 손해를 보는 격이다.

한 복사기 CF를 본 적이 있다. 복사를 마친 직원이 문을 열고 나오자 직원들이 모여 케이크를 들고 생일축하 노래를 부르고 있었다. 직원은 순간 화가 올라와 "그래, 나 나이 먹었다. 왜?" 하고 사라진다. 직원들은 기쁜 마음에 생일을 챙겼지만 그 직원은 자기 나이 먹은 걸 놀린다고 생각한 모양이다.

칭찬할 때도 이런 일이 많다. 순수한 칭찬인데도 상대가 오해하는 경우다. 그래서 칭찬에도 기술이 필요하다고 말한다. 다음은 칭찬하고 오해받지 않는 방법이다. 칭찬할 때 적용한다면 손해 보는 일은 줄어들 것이다.

첫 번째, 피해야 할 칭찬 요소를 챙겨라.

강의에서 정치, 종교에 관한 이야기는 제외해야 한다. 개인성향이 다르고 알게 모르게 민감한 사람이 있기 때문이다. 또한, 상대방의 신체 이야기, 가족 이야기 등도 피해야 할 요소이다.

두 번째, 같은 칭찬을 두 번 이상 하지 마라.

칭찬 한 번이면 충분히 될 상황에도 두 번, 세 번 하는 경우가 있다. 받아들이는 상대가 오버하는 걸로 느낄 수 있다. 또한, 주변 사람들에게 팔불출로 보일 수 있으니 담백하게 한 번으로 끝내고 새로운 칭찬거리를 찾아라.

세 번째, 남들과 똑같은 칭찬은 피하자.

같은 칭찬을 100번, 1,000번 듣는다면 지겨운 법이다. 또한, 같은 칭찬을 들으면 상대에게 관심이 없이 같은 칭찬만 반복한다는 인식을 심어줄 수 있다. 다른 칭찬을 찾는 정성에 감동이 올 수 있다. 똑같은 칭찬은 피하자.

칭찬은 서로가 서로를 응원해주는 소중한 말이다. 각박해지는 사회에서 칭찬이 부족하다는 걸 느낀다. 지금 사회에 칭찬은 꼭 필요하지만 칭찬에도 일정한 수위가 있다. 상대 입장이나 상황을 고려하지 않으면 칭찬은 독이 될 수 있다.

칭찬을 통해 상대에게 호감을 사고, 긍정적인 사람이라는 인식을 심어주기 위해선 칭찬의 선을 지키자. 선을 지킬 줄 안다면 칭찬의 효과는 배로 증가한다.

LAW 47

나이 따지면 한방에 "훅" 간다

많은 사람이 인간관계 적정선을 맞추기 어렵다고 한다. 가까워도 탈이고 멀어도 탈인 게 인간관계라 그런 것 같다. 인간관계에 적정선이 눈에 보이는 선이라면 인간관계로 힘들어하는 사람은 없을 것이다. 선이 눈에 보이니 선만 넘어가지 않으면 될 테니까. 눈에 보이지 않고 추상적이기 때문에 어렵고 상황에 따라 문제가 생긴다. 호감을 사는 것도 적정선이 있다면 선만큼만 지키면 문제될 것 없지만 많은 사람이 선을 정확히 몰라 비호감이 되기도 한다.

호감의 적정선을 생각할 때 민감하게 고민해야 할 부분이 있다. 특히 우리나라 사람에게만 민감한 부분이기도 하다. 바로 나이다. 유교사상과 공동체 의식이 강하고 연장자를 존경하는 문화가 뿌리 깊이 있기 때문에 나이에 민감하다. 나이가 많은 사람이 자기보다 어린 사람을 편하게 생각하고 적정선을 넘었다간 호감을 잃을 수도 있다.

필자도 40대에 교육 분야 50~60대를 만날 때가 있다. 이야기를 나누다 보면 종종 나이를 묻는 경우가 있다. 나이가 10년, 20년 차이가 있어도 대표 대 대표로 만나는 자리에서 대부분 예의를 지킨다. 식사자리나 술자리에서 연륜이 있는 조언을 해 줄 뿐 비즈니스 자리에선 철저히 사업적이다. 이렇게 예의를 지키는 분들을 만나면 속으로 깊은 존경심을 보낸다. 그리고 호감이 상승한다. 20대 청년들이 와도 예의를 지킬 것이라고 생각한다.

반대인 경우도 있다. 나이를 말하면 조카뻘이네 하며 다음에 술 한잔하자며 반말이 시작된다. 말을 놓는 것까지 이해할 수는 있어도 비즈니스에서 무리한 요구를 할 때 나이를 들먹이면 정말 지친다. 당연히 일하기 싫고, 비호감이 된다.

어느덧 연공서열은 무너지기 시작해 지금은 나이보다 능력과 실력으로 승부하는 사회가 되었다. IT 기술을 바탕으로 20대 초반 CEO도 흔하게 볼 수 있고, 자신만의 콘텐츠로 인기를 누리는 20대 강사도 많다.

이젠 나이가 아니라 실력이 모든 게 대체되는 추세다. 나 역시 어느 정도 친하지 않으면 나이를 묻지 않는다. 애초에 알지 말자는 심정이다. 능력으로 대접하고 있다. 능력이 있다면 기꺼이 고개 숙여 배운다.

호감은 꼭 나보다 연장자뿐만 아니라 어린 사람에게도 사야 한다. 즉, 후배 덕도 챙겨야 한다는 뜻이다. 어리다고 무시하면 거기서 끝이다. 어떻게 보면 어린 사람이기에 가능성은 더 크다. 그 사람이 어떻게 변할지 아무도 알 수 없다.

나이를 따지기 전에 모든 사람이 스승이라는 마음으로 접근하자. 배우려는 자세는 모두에게 호감이 간다. 나이를 따지기 전에 나이 어린 사람들과 어울리는 방법을 찾는 게 우선이다. 어울린다면 호감을 살 수 있다. 다음과 같은 방법으로 나이를 떠나 모두가 어울리는 방법을 연구해보자.

첫 번째, '그들의 언어'를 배워라.

특히 MZ세대의 언어는 다른 세대가 보기에 좀 더 특별하다. 참고로 MZ세대는 1997년 이후 출생자들이다. 최근에 입사하는 직원들은 대부분 MZ세대이다. 그들의 언어는 어떻게 다를까? 확실히 매력적으로 줄여 쓴다. 다음 표는 MZ세대들의 신조어인데 한번 신조어 테스트 한번 해 보자. 최소 몇 문제는 맞출 수 있다는 자신감을 버리고 겸손하게 참여해 보자. 답은 뒤에서 공개하겠다.

:: MZ세대 인싸 용어 맞히기 ::

	신조어	뜻/의미
1	스불재	
2	킹리적 갓심	
3	빠태	
4	알잘딱깔센	

5	당모치	
6	캘박	
7	삼귀다	
8	완내스	

0개: 어르신
1~2개: 삼촌
3~5개: MZ세대
6~8개: 신조어학과 장학생

두 번째, 빠질 자리를 판단하라.

낄 데 안 낄 데 모두 낀다면 꼴불견이다. 권위 챙긴다고 빠져도 문제지만, 자신이 빠져 좋을 자리면 기꺼이 빠져야 한다. 종종 후배들이 예의상 참석을 권할 경우 상황을 판단해 빠지자. 내가 없으면 분위기 좋을 자리인데 낀다면 눈치 없는 사람이 될 수 있다.

철이 든다는 말이 있다. 철은 계절(season)을 말한다. 즉, 그 나이 때 할 일이 있다는 뜻이다. 나이는 자기반성에 의미를 두어야지 자기보다 어린 사람에게 나이를 들먹이며 따진다면 비호감을 사는 행위다. 나이를 따지기 전 자신의 젊은 시절, 자신의 지금 모습을 반성하고 자기 계절에 맞게 행동하는 성숙함이 필요하다.

MZ세대 인싸 용어 정답 확인

1. 스스로 불러온 재앙

2. 합리적 의심

3. 빠른 태세 전환

4. 알아서 잘 딱 깔끔하고 센스있게

5. 당연히 모든 치킨은 옳다

6. 캘린더 박제

7. 사귀기 전 썸타는 단계

8. 완전 내 스타일이야

LAW 48

비호감 유형의 대표주자들

유명인과의 친분만을 내세우는 사람은 개인적으로 정말 비호감이다. 본인 이야기는 없고 항상 주위 누군가의 이야기뿐이다. 내가 누구를 아는데 내가 그 사람과 어떤 관계이고, 어떠한 경험들을 함께 했다라는 식의 이야기이다. 본인도 그 사람과 동등한 수준의 사람이라는 점을 보여주려고 하는 것처럼 보인다. 솔직하게 누가 봐도 아니라는 것을 아는데 본인만 착각 속에 사는 것 같다. 당신이 유재석과 함께 셀카를 찍었다고 자랑한다 해도 당신이 국회의원과 한번 식사를 한 적이 있다고 으스댄다 해도 당신은 유재석이나 유명 국회의원이 아니다.

예전에 베트남에 자주 간 적이 있다. 친한 형님이 사업을 하고 있어서 견문(見聞)을 넓히기 위한 차원에서 갔었다. 한번은 그 형님의 지인인 50대 후반의 남성과 저녁 식사를 함께했었다. 하노이에서 숙박업을 하는 분이었다. 첫 대화는 그가 알고 있는 유명 지인의 이야기였다. 솔직하게 별로 관심이 가거나 재미있는 이야기가 아니었다. 나 역시도 유명인들과 많은 만남을 가져 봤지만 대부분 그냥 열심히 사는 겸손한 사람들이었기 때문이다.

식사가 끝날 때까지 짜증 날 정도로 시종일관 본인이 알고 있는 유명지인들 이야기였다. 정말 황당한 이야기지만 결국 그런 유명지인들의 도움으로 본인 자산이 4조라는 얼토당토아니한 말로 마무리하는 것이 아닌가? 밥은 그냥 재벌 지인이 아닌 친한 형님이 샀다. 앞으로는 이런 사람은 절대 상종하면 안 된다는 강력한 자연의 신호가 나의 신경세포를 통해 전달되었다.

익히 알려진 사실이지만 사기꾼들은 유명인과의 친분을 내세운다. 얼마 전 SNS를 통해 친해진 후 대통령을 비롯한 유명 정치인들과의 친분을 언급하며 수억 원대를 뜯어낸 사기 사건이 발생한 적이 있었다. 여전히 유명인을 동경하는 순진한 사람이 많기 때문에 이런 점을 이용하는 악한 사람도 존재한다.

나는 초면에 유명인과의 친분을 내세우는 사람을 신뢰하지 않는다. 혹시나 초면에 유명인과의 친분을 강하게 내세우는 사람을 만난다면 실체는 공허할 가능성이 높다고 생각하는 것이 좋다.

여기서 관련된 경제용어인 '베블런 효과'를 설명하려 한다. 필요에 의한 구매가 아니라 비싼 물건을 통해 자신을 과시하고 싶어 하는 소비행동을 말한다. 미국 사회학자 베블런(T. B. Veblen)은 계급이 사라진 대중사회에서 부나 권력의 정도를 알아보기 어렵기 때문에 많은 사람은 자신을 외적으로 알리는 수단으로 명품을 구입한다는 것이다.

소비자는 물건을 살 때 두 가지를 고려한다. 실제로 지불하는 가격과 함께 남들이 얼마에 구입했을 것이라는 예상 가격이다. "비싸 보인다."라는 말을 들을 수 있는 물건을 선호한다는 말이다. 이렇게 구입한 물건을 남들이 기대하는 가격을 과시가격이라 한다. 과시가격이 올라갈수록 수요가 늘어나는데 이것을 베블런 효과라고 한다. 그래서 명품들을 베블런재(Veblen Good)라고 일컫기도 한다.

베블런 효과는 상류층에게만 일어나는 것이 아니라 사회 전체에서 일어나는 현상이다. 일반 사람들이 상류층을 모방하여 무리하게 명품으로 치장하는 것을 스놉효과(Snob Effect)라고 하며, 일명 속물효과라고도 불린다. '나는 남들과 격이 달라.'라는 인식을 가짐으로써 비싼 상품으로 자신을 치장하고 과시하고자 하는 심리에 근거한다.

여기서 주목할 것은 왜 이런 효과가 일어나느냐이다. 베블런 효과는 남의 눈을 너무 의식하여 자신을 높이고 싶어 하는 허영심의 반영이라고 볼 수 있다. 현대사회에 들어서면서 계급이 무너지고 표면적으로는 노력으로 자신의 지위를 결정할 수 있는 사회가 도래했다. 이는 노력하면 성공할 수 있다는 기대감과 동시에 사회적 지위가 낮은 경우 노력을 하지 않았다는 반증으로 여겨질 수 있는 것이다. 따라서 일부 사람들은 열등감에서 벗어나고자 다른 사람들을 무시하면서 자신을 높이고자 한다.

유명인과의 친분을 과시하는 것도 하나의 베블런 효과로 볼 수 있다. 일부 사람들은 유명인과의 친분을 강조하는 것이 비싼 자동차와 비싼 명품을 구입하는 것보다 훨씬 저렴하게 우월한 감정을 가질 수 있다고 믿기 때문이다. 실제로 자신감 있는 사람들 그리고 자신을 정말 사랑하는 사람들은 스타와의 친분이 아닌 저렴한 스카프나 넥타이 하나만으로도 빛이 난다.

LAW 49

모든 것을 아는 것처럼 행동한 결과

누군가와 대화를 해 보면 즐거울 때가 있는 반면, 참 불쾌할 때도 많다. 모든 것을 알고 있는 듯이 말하는 사람과 함께 대화할 때는 더욱더 그렇다. 모든 것을 알고 모든 것을 경험한 것처럼 말하는 사람들은 매사에 이런 문장들을 자주 사용한다.

"네가 잘 몰라서 그러는데……."

"내가 해 봤는데, 그건 아닌 것 같아."

"그 정도 경험 가지고 그래? 난 이런 것도 해 봤는데 그 정도는 별거 아니야."

"그건 아닌 것 같아. 이렇게 하는 것이 맞아."

"그 정도야 당연한 수준 아니야. 나처럼 이 정도는 해 봐야지."

본인은 너무나 완벽한 사람이라 나의 말이나 내가 한 일은 그저 무시할 만한 수준인 것처럼 느껴지게 만든다. 가끔은 나에게 정말 중요하고 의미 있는 일조차 그는 그저 평범한 에피소드 정도로 취급한다.

예전 직장 다닐 때 알고 지내던 형이 있었다. 대화하다 보면 가끔 너무나 기분이 나빴다. 모든 것을 아는 것처럼 모든 것을 경험한 일을 나에게 일방적으로 말하는 태도 때문이었다. 그리고 종종 나를 무시하는 투로 말한다. 하도 그러기에 대놓고 "형은 항상 모든 일을 아는 것처럼 말하는 것 같아."라고 직격했다. 그럼에도 별로 신경 쓰지 않는 눈치였다.

처음에는 친했는데 나중에는 멀리했다. 이런 유형의 사람을 만나면 '내가 문제 있는 사람인가.'하는 불편한 감정까지 들기 때문이다. 안 그래도 힘들고 지친 삶인데 자신감까지 떨어지게 하는 유형이다.

어떻게 신(神)이 아닌 이상 모든 것을 알고 있으며, 모든 것을 경험할 수 있을까? 불가능하다. 이런 유형의 사람들은 본인이 정말 대단한 사람이라고 느끼는 것처럼 보인다. 그런 척하는 것이 아니라 정말로 그렇게 생각하는 것으로 느껴진다. 그래서 더욱 심각하다. 자신의 뛰어난 이성(理性)과 남이 상상도 못할 경험(經驗)을 토대로 모든 것을 완벽하게 판단하고 결정할 수 있다고 믿는다.

그렇게 말한다고 대단한 업적을 이룬 사람들은 아니다. 실제로 대단한 업적을 이룬 사람들은 조언조차도 신중하게 한다. 조금 과장해서 표현하면 전지전능(全知全能)한 능력이 있지만 본인은 아직

때가 안 됐거나 사람들이 몰라줄 뿐이다. 단지 모든 것을 알고 경험했으니까 부족한 중생(衆生)들에게 강력하게 충고질을 할 뿐이다.

언젠가 한 철학가를 만났다. 집안이 부유하여 40대 초반까지 학교 다니며 철학만 공부했다. 작은 커피숍을 운영하면서 그냥 공부만 한다고 했다. 잠시 대화하는 데 정말 불편한 감정이 들었다. 너무 이성적인 주관에 의해 나를 함부로 판단한다는 감정이었다.

어렸을 때 가난하게 살았던 나의 개인적인 경험까지 문제가 있는 것처럼 말하는 그의 태도에 솔직하게 화가 났다. 그냥 체면상 바쁘다는 핑계로 자리를 빨리 피했던 기억이 난다. 단 한 번도 상대방의 관점에서 생각해보지 않았다는 생각이 들었다.

여전히 철학서는 정말 좋아하지만 철학가를 만나 대화하는 것은 그렇게 달갑지 않다. 철학이 여전히 감성보다는 이성을 중시한다는 점은 이해하지만, 이성적인 철학가를 감성적인 내가 상대하기는 무척 버겁다. 개인적인 경험에 의한 편견이니 이해해 주길 바란다.

모든 것을 알고 있는 듯이 말하는, 마치 어렸을 때 경험했던 답답하기만 한 학교 담임선생 같은 사람을 우리는 '꼰대'라고 표현한다. 모든 것을 아는 것처럼 행동하면 꼰대 취급받는다.

꼰대라는 단어의 어원에 대해서는 여러 가지 설이 존재한다. 우선 꼰대의 어원과 관련해 학술적으로 정리된 바는 없다. 영남지방에서 번데기를 뜻하는 '꼰데기'가 꼰대로 바뀌었다는 '꼰데기설'이 있는데 가장 유력하다. 번데기 주름과 나이 먹은 어른들의 주름살이 비슷해서 꼰데기(번데기)가 꼰대로 변했다는 것이다. 나의 표현으로 바꾸자면 꼰대는 자신만의 고집과 아집의 주름이 깊이 패여 있어서 결코 펴질 일이 없다.

프랑스어 '콩테 백작'에서 왔다는 주장도 있다. 일제 강점기 친일파들이 일제로부터 백작 지위를 받고 당시 유행하던 콩테 백작을 흉내 내어 스스로 콩테라 자랑하고 다녔는데, 백성들이 이를 비웃으며 꼰대라 해서 생겼다는 게 설이다. 재미는 있지만 설득력 있는 설은 아닌 것 같다.

아이러니하게도 요즘에는 '젊은 꼰대'도 유행한다고 한다. 다음은 젊은 꼰대에 대한 기사 내용이다.

> 대학가와 20, 30대 직장인들 사이에서 비슷한 연령대의 '젊은 꼰대'로부터 고통을 받는다는 호소가 끊이지 않고 있다. '꼰대'는 자신의 경험이나 생각이 무조건 옳다며 아랫사람들에게 강요하고, 권위와 서열을 내세우는 어른들을 비꼬는 말이다.
>
> 흔히 꼰대라고 하면 사회적으로 어느 정도 지위에 올라 있는 장년층을 떠올리지만 젊은 꼰대로 인한 각종 피해 사례들은 나이나 직급에 관계없이 누구나 꼰대가 될 수 있다는 것을 보여준다.
>
> 특히 신입생이 입학하는 매년 이맘때에는 대학 선배들의 '꼰대짓'

을 고발하는 제보가 쏟아진다. 원하지 않는 장기자랑을 시키는 것 외에도 신입생의 복장 규정이나 말투 등을 제한하는 행위, 졸업생 반지를 사야 한다며 수금하는 행위 등이 그것이다. 심할 경우 성희롱이나 성추행 등 성 관련 문제가 불거지기도 한다.

젊은 꼰대는 학교나 직장뿐만 아니라 일상생활에도 존재한다. 지난달 친한 동기의 대학 졸업식을 찾은 직장인 음모(28·여)씨는 술자리에서 "여자가 서른 전에는 시집을 가야지, 나이가 생명이다"라는 말을 듣고 귀를 의심했다. 대학 다닐 때에는 그렇지 않았던 한 남자 동기가 졸업 후 1년 정도 사회생활을 하더니 꼰대로 돌변한 것이다. 정작 그 동기는 본인의 말이 '뭐가 문제냐'며 항변했다.

전문가들은 젊은 꼰대의 등장 원인으로 위계중심의 우리나라 조직문화를 꼽았다. 전상진 서강대 교수(사회학)는 7일 "한국 사회는 굉장히 권위적이어서 어떤 의견 제시도 허용치 않는다"며 "젊은 꼰대는 이러한 조직문화에다 오늘날의 정치·경제·사회적 조건이 결합돼 나타난 사회현상"이라고 진단했다.

_〈세계일보〉 기사 발췌(김주영 · 송민섭 기자)

혹시 나도 '젊은 꼰대'가 아닌지 의심해 보자. 20, 30대 젊은 나이에 벌써부터 모든 것을 알고 경험하였다고 생각하며 후배들에게 일방적인 잔소리를 하고 있다면 '젊은 꼰대병'을 의심해야 한다. 우리 사회에서 꼰대정신은 비호감의 동의어이다.

LAW 50

입은 닫고 다른 것을 열자

개인적으로 가장 호감도가 떨어지는 유형을 꼽자면 인색한 사람이다. 예전에는 잘 몰라서 그냥 만남을 가졌지만 지금은 인색한 사람은 멀리한다. 인색한 사람은 내 주머니의 돈뿐만 아니라 나의 소중한 에너지까지 가져가기 때문이다. 인색함은 단언컨대 비호감을 높이는 최악의 습관이다.

예전에 직장생활로 만난 사람이 있었다. 인상도 좋고 매너도 좋은데다가 나에게 적극적으로 호감을 표시했기 때문에 퇴근 시간 이후 가끔 시간을 함께했다. 한번은 기분이 좋아서 비싼 양주까지 사며 즐거운 시간을 보냈다. 개인적으로 기분파라 좋아하는 사람들에게 돈을 잘 쓰는 편이다.

다음날 5천 원짜리 돈가스를 점심으로 함께 먹는데 어제 사준 양주를 생각하며 당연히 그 사람이 밥을 살 것이라고 생각했지만, 갑자기 머뭇거리는 것이 아닌가? 돈 1만 원 내는 것이 무척 아까워 보였다. 결국, 5천 원씩 각자 내고 헤어졌는데 개인적으로 정말 어이가 없었다. 나중에 알고 보니 사람들에게 얻어먹는 것으로 유명한 사람이었다. 그 이후로 그 사람을 멀리하게 되었다.

흔히 "있는 사람이 더하다."라는 말을 한다. 실제 그렇다. 부자들이 더 짠돌이다. 우리나라 기부문화를 봐도 쉽게 알 수 있다. 중산층이 가장 기부에 적극적이다. 돈 많은 부자는 확실히 기부에 인색하다. 그래서 우리나라 부자들을 졸부라고 깎아내린다.

우리나라 부자들은 대부분 부동산으로 부를 세웠다. 피땀 흘려 일하면서 많은 사람과 함께 성장하며 부자가 되었다면 사람들의 소중함과 고마움을 알 텐데, 사람에게는 관심이 없고 오직 땅에만 관심 있는 것 같다. 땅 사는 데 쓰는 돈을 조금만 사람들에게 쓰면 좋으련만. 그래서 한국 사람들은 유난히 부자들을 싫어한다.

실제로 다른 나라에선 부자들이 우리나라에 비해 존경의 대상인 경우가 많다. 우리나라의 많은 부자는 인색함으로 인해 비호감의 대상이 될 뿐이다. 그래서 우리는 12대 300년에 걸쳐 부를 이뤘던 경주 최부잣집을 존경한다. 경주 최부잣집의 육훈(六訓)을 살펴보면 여섯 가지 훈육 중에 네 가지는 사람들에게 베풀고 사람들에게 인색하지 말라는 의미를 담고 있다.

1. 재산은 만 석 이상 지니지 마라.

2. 과객(過客)을 후하게 대접하라.

3. 흉년에는 땅을 사지 마라.

4. 사방 백 리 안에 굶어 죽는 사람이 없게 하라.

특히 '과객(過客)을 후하게 대접하라.'라는 부분에 더욱 눈길이 간다. 실제로 워낙 부잣집으로 소문난지라 당시 조선팔도의 과객들이 오가며 최부잣집에 머물렀다고 한다. 최부잣집의 쌀 수확량의 3분의 1을 과객들을 위해 쓸 정도였다고 하니 얼마나 많은 사람들에게 베풀었던 집안이었는지 알 수 있다.

결국, 대 혼란기에도 최씨 가문만이 무사할 수 있었던 것도 사방팔방에서 모여들었던 과객들을 통한 좋은 소문 덕분이었다고 한다. 독립운동을 위해 거액을 기부하고 인재양성을 위해 대구대학과 계림학숙을 설립하면서 부의 명성은 끝났지만, 가문의 가치는 고스란히 남아 있다. 그렇기에 오랜 세월이 지난 이후에도 유난히 최부잣집만이 대한민국에서 가장 호감 가는 부잣집 가문으로 회자될 수 있었으리라 생각한다.

확실한 것은 인색한 사람은 돈이 아무리 많아도 외롭다는 것이다. 그만큼 주위에 사람이 없기 때문이다. 인색한데다가 말까지 많은 꼰대는 가족들조차 가까이하기를 꺼리는 경우도 있다. "입은 닫고 지갑을 열라."라는 말은 꼰대들에게 하는 말이다.

실제로 선배 중에 말하기를 너무나 좋아하는 사람이 있다. 언젠가 한참을 혼자 떠들더니 재미있는 이야기는 내가 다 했으니 돈은 나보고 내라는 것이었다. 어린 시절이라 선배가 시키는 대로 돈은 냈지만 지금 생각해보면 별로 기분은 좋지 않았던 것 같다.

직장에서도 가장 좋아하는 상사나 선배는 밥이나 술을 잘 사주는 사람이다. 나 역시 후배들에게 일명 호구 역할을 많이 했던 것 같다. 나이를 먹으며 느끼는 바지만 얻어먹길 좋아하는 빈대근성을 가진 사람들은 얻어먹는 행위 자체를 당연하게 생각하는 것 같다. '얻어먹었음'에서 오는 만족감 자체가 인생의 큰 희열처럼 보일 때도 있다.

그래서 반대로 직장에서 가장 싫어하는 후배 그리고 부하 직원은 항상 얻어먹으려고 하는 사람이다. 강의할 때 특히 신입직원들에게 강조하는 이야기가 있다. 선배가 두 번 살 때 후배도 최소 한 번은 사야 사랑받을 수 있다는 것이다. 아무리 '내리사랑'이라고 하지만 지갑 한 번 안 여는 후배를 좋아하는 사람은 한 명도 없을 것이다.

어르신들 사이에도 재미있는 유행어가 있다. 밥 먹을 때 손주 자랑들을 매우 많이 하기 때문에 듣는 사람도 지친다고 한다. 그래서 "손주 자랑하려면 돈 줄 테니 나가라."라는 것이다. 그 말은 손주 자랑하려면 최소한 밥값은 내야 한다는 것이다.

솔직히 자기 자랑 다 해놓고 밥값을 안 내면 그 사람이 그렇게 미울 수 없다. 그래서 난 대놓고 말한다. 오늘 밥값은 내가 낼 테니 내가 조금만 자랑 좀 하겠다고. 나도 인간인지라 가끔은 자랑을 하고 싶을 때가 있다.

어떻게 하면 돈을 가장 가치 있게 쓸 수 있을까? 바로 사람을 위해 쓰는 것이다. 재미있는 사실은 인색한 사람들은 대체로 허영심도 높다. 돈이 정말 없어서 안 쓰는 것이 아니라 본인을 치장하고 꾸미는 데는 전혀 인색함이 없다는 것이다. 겉보기에는 화려하고 자랑할 것이 많아 보이지만 사람들로부터 호감을 끌어모으는 것은 불가능할 것이다.

돈도 가끔은 사람들을 위해 쓰자. 그것을 통해 호감을 얻을 수 있고 사람들의 마음을 얻을 수 있다면 당신은 벌써 풍요로운 사람 부자이다.

부록

DISC 분석을 통한 나의 호감 전략 세우기

최근 MBTI를 통한 성향분석이 유행이다. MZ세대들은 거의 누구나 본인의 MBTI를 알고 있다. 서로의 성향을 파악하며 재밌는 대화로 이어진다.

"나는 ENFJ라서 사람들을 무척 좋아하는데 성격이 좀 급해서 문제야."

"나는 ISFJ라서 다정하고 공감능력도 뛰어난데 그만큼 상처를 잘 받아."

소개팅에 나갈 때도 MBTI 공부는 필수이다.

"아, ENFP이세요. 저는 INTJ에요. MBTI 궁합은 무척 좋은데요."

MBTI는 충분히 경험해 보았으니 다른 성향분석을 통해 호감 전략을 세워 보면 어떨까? 실제 성향분석에 가장 일반적으로 쓰이는 진단은 DISC 분석이다. 인간을 4가지 유형으로 나누는데 여전히 설득력이 있고, 나 역시도 상대방의 성향을 이해하는 기준으로 사용한다. 간단하게 자신의 성향을 알아보자.

다음 표에서 번호별로 A, B, C, D의 4가지 단어 중 가장 나에게 어울리는 한 가지에 동그라미를 쳐보자. 참고로 1번 문제에서 나에게 가장 어울리는 단어가 '절제하는'이라면 A에 해당하기 때문에 아래 점수 집계표 S열의 A에 표시하면 된다. 24문제를 표시한 후 더하면 나의 성향이 나오게 된다. D I S C 중 가장 높은 점수가 나온 항목이 나의 성향이 된다. 첫 번째, 두 번째로 높은 성향이 비슷하다면 두 가지 성향을 함께 참고하면 된다.

순위	A	B	C	D
1	절제하는	강력한	꼼꼼한	표현력 있는
2	개척적인	정확한	흥미진진한	만족스러운
3	기꺼이 하는	활기 있는	대담한	정교한
4	논쟁을 좋아하는	회의적인	주저하는	예측할 수 없는
5	공손한	사교적인	참을성 있는	무서움을 모르는
6	설득력 있는	독립심이 강한	논리적인	온화한
7	신중한	차분한	과단성 있는	파티를 좋아하는
8	인기 있는	고집 있는	완벽주의자	인심좋은
9	변화가 많은	수줍음을 타는	느긋한	완고한
10	체계적인	낙관적인	의지가 강한	친절한
11	엄격한	겸손한	상냥한	말주변이 좋은
12	호의적인	빈틈없는	놀기 좋아하는	의지가 강함
13	참신한	모험적인	절제된	신중한
14	참는	성실한	공격적인	매력 있는
15	열정적인	분석적인	동정심이 많은	단호한
16	지도력 있는	충동적인	느린	비판적인
17	일관성 있는	영향력 있는	생기 있는	느긋한
18	유력한	친절한	독립적인	정돈된
19	이상주의적인	평판이 좋은	쾌활한	솔직한
20	참을성 없는	진지한	미루는	감성적인
21	경쟁심이 있는	자발적인	충성스러운	사려 깊은
22	희생적인	이해심 많은	설득력 있는	용기 있는
23	의존적인	변덕스러운	정제력 있는	밀어붙이는
24	포용력 있는	전통적인	사람을 부추기는	이끌어가는

DISC : 점수 집계표

순위	D	I	S	C
1	B	D	A	C
2	A	C	D	B
3	C	B	A	D
4	A	D	C	B
5	D	B	C	A
6	B	A	D	C
7	C	D	B	A
8	B	A	D	C
9	D	A	C	B
10	C	B	D	A
11	A	D	C	B
12	D	C	A	B
13	B	A	D	C
14	C	D	B	A
15	D	A	C	B
16	A	B	C	D
17	B	C	D	A
18	C	A	B	D
19	D	B	C	A
20	A	D	C	B
21	A	B	C	D
22	D	C	B	A
23	D	B	A	C
24	D	C	A	B
계	(　　)개	(　　)개	(　　)개	(　　)개

제일 높은 점수를 차지한 스타일은?

1. ______________________ 2. ______________________

주도형(D) **장점-일반적 성향**

- 즉시 성과를 올린다.
- 신속한 결정을 내린다.
- 포기하지 않는다.
- 책임을 떠맡는다.
- 자신감이 있다.
- 도전을 받아들인다.
- 열심히 일한다.
- 문제를 피하지 않고 해결하려고 한다.

주도형(D) **약점-일반적 성향**

- 조급하다.
- 다른 사람에 대해 무관심하다.
- 위험 부담과 경고를 간과한다.
- 융통성이 없고 고집이 세다.
- 지나치게 많은 일을 떠맡는다.
- 세부 사항을 무시한다.
- 제안 받는 것을 참지 못한다.
- 다른 사람들에게 너무 많은 요구를 한다.

사교형(I) **장점-일반적 성향**

- 낙관적이다.
- 표현력이 좋다.
- 즐거운 분위기를 만든다.
- 좋은 인상을 준다.
- 인간적이다.
- 다른 사람들에게 설득을 잘한다.
- 외향적이고 사람들을 잘 사귄다.
- 열정적이다.

사교형(I) **약점-일반적 성향**

- 일의 끝마무리가 부족하다.
- 너무 말을 많이 한다.
- 충동적으로 행동한다.
- 급하게 결론을 내린다.
- 무리하게 약속을 한다.
- 교묘한 말로 설득한다.
- 능력에 대한 평가를 과대하게 한다.
- 결과에 대해 지나치게 낙관적이다.

안정형(S) **장점-일반적 성향**

- 협조적이다.
- 쉽게 동의한다.
- 충성스럽다.
- 남을 잘 섬긴다.
- 꾸준하다.
- 작업 수행이 안정되어 있다.
- 대인 관계가 원만하다.
- 다른 사람의 의견을 잘 들어준다.

안정형(S) **약점-일반적 성향**

- 급격한 변화를 꺼린다.
- 지나치게 관대하다.
- 일을 미룬다.
- 우유부단하다.
- 갈등을 회피한다.
- 감정을 잘 표현하지 않는다.
- 피동적이다.
- 정해진 기간에 일을 마치기 어렵다.

신중형(C)

장점-일반적 성향

- 정리 정돈을 잘한다.
- 유능하다.
- 자기 훈련을 잘한다.
- 정확하다.
- 철저하다.
- 외교적 수완이 있다.
- 분석적이다.
- 높은 기준을 가지고 있다.

신중형(C)

약점-일반적 성향

- 지나치게 조심스럽다.
- 세부적인 일에 얽매인다.
- 일하는 방법에 융통성이 없다.
- 비판하기를 좋아한다.
- 자발성이 약하다.
- 의심이 많다.
- 비판에 예민하게 반응한다.
- 비관적이다.

주도형(D) 성향의 호감 전략

- 아무도 나서지 않을 경우 그룹에서 리더 역할을 책임감 있게 수행할 수 있다.
- 일이 잘 진행되지 않을 때 빠르게 결정하여 추진력 있게 행동할 수 있다.
- 항상 그래 왔듯이 열정적으로 일하는 모습 속에서 사람들에게 큰 호감을 얻을 수 있다.

주도형(D) 성향의 비호감 잠재우기 전략

- 사람들에게 강요하고 싶어도 가끔은 꾹 참는다.
- 남의 말을 듣고 조금은 신중하게 행동한다.
- 빨리 해결되지 않는다고 조바심내지 말고 심호흡을 하거나 숫자를 천천히 세어가며 기다린다.

사교형(I) 성향의 호감 전략

- 항상 에너지가 넘치고 다른 사람들을 챙기며 즐거운 분위기를 만들 수 있다.
- 사람들과의 대화를 무척 즐기며 사람들을 긍정적인 방향을 잘 설득할 수 있다.
- 많은 사람과 함께 있어도 쉽게 지치지 않고 혹시나 지친 사람들을 잘 독려할 수 있다.

사교형(I) 성향의 비호감 잠재우기 전략

- 말하는 것이 너무 좋겠지만 가끔은 상대방의 이야기를 진지하게 듣는 훈련을 한다.
- 처음에는 엄청난 의욕을 보이고 시작하지만 마무리가 약하다는 이야기를 듣지 않도록 노력한다.
- 가끔은 사람들이 나를 찾아도 집에 꾹 눌러앉아서 에너지를 비축한다. 사람들도 중요하지만 일도 중요하기 때문이다. 놀 때와 일할 때 스타일이 너무 다르면 비호감이 될 수 있다.

안정형(S) 성향의 호감 전략

- 남들에게 진지하게 관심을 가져 주고 인내심 있게 이야기도 잘 들어 줄 수 있다.
- 쉽게 변하지 않고 의리있게 행동하기 때문에 상대방이 좋은 사람이라고 판단되면 오랫동안 함께할 수 있다.

- 다른 사람들과 잘 협조할 수 있으며 시끄러운 주도형(D)과 사교형(I) 사이에서 오아시스와 같은 평화로운 역할을 할 수 있다.

안정형(S) 성향의 비호감 잠재우기 전략

- 중요한 상황에서 빠르게 결정하지 못하여 다른 사람들에게 피해를 줄 수 있으므로 평소에 결정하는 훈련을 한다. 계속 결정해 보면 별것 아니라는 생각을 가질 수 있다.
- 갈등 자체를 자꾸 피하려 하면 상대방은 해결하려 노력하지 않는다고 오해할 수 있기 때문에 힘들어도 나설 수 있는 훈련을 한다.
- 평상시에 에너지와 멘탈 관리를 잘하여 필요할 때 집중할 수 있도록 노력한다.

신중형(C) 성향의 호감 전략

- 약속을 상대적으로 정확하게 지키고 정해진 기준대로 행동하기 때문에 사람들에게 안정감을 줄 수 있다.
- 전반적으로 깔끔하게 입고 행동하기 때문에 사람들에게 신뢰를 줄 수 있다.
- 사람들의 고민에 대해 감정적으로 반응하지 않고 합리적으로 생각하여 조언을 주기 때문에 실제적으로 도움을 줄 수 있는 능력이 있다.

신중형(C) 성향의 비호감 잠재우기 전략

- 작은 것들은 조목조목 따지지 말고 제발 그냥 넘어가자. 주위 사람들이 가장 힘들어하는 신중형(C) 성향의 비호감 포인트이기 때문에 이것만 주의하면 최고의 호감형이 될 수 있다.
- 가끔은 완벽한 모습은 버리고 허당끼를 의도적으로 노출한다. 최고의 반전매력이 될 수 있다.
- 결론은 호감을 극대화하기 위해서는 정신줄을 놓고 흐트러진 모습을 보일 필요도 있다.

유튜버로 유명한 김 작가는 베스트셀러 《럭키》라는 책에서 삶에 있어서 운이 들어오는 통로를 4가지로 정리했다. 첫째는 유전적, 선천적 요인, 즉 부모를 잘 만나는 것이다. 둘째는 시대적, 환경적 요인, 예를 들면 코로나로 인해 여행산업 종사자는 타격을 받았지만, IT산업 종사자는 상대적으로 혜택을 입었다. 셋째는 관계적 요인, 즉 나를 둘러싸고 있는 주위 사람들이다. 마지막으로 개인적 요인인데 얼마나 삶에 있어서 내가 노력하고 있느냐이다.

김 작가의 의견에 100% 공감한다. 삶에 있어서 이 4가지 요소는 정말 중요하다. 이 중 부모 잘 만난 행운과 환경과 시대적 운명은 실제로 개인에게 큰 영향을 미치지만 통제할 수 없는 영역이다. 하루하루 내가 통제할 수 없는 것들에 대해 불평만 늘어놓고 살아간다면 작게라도 남아 있던 행운의 씨앗도 시들어 버릴 것이다. 또한, 행운을 선사해 줄 귀인(貴人)도 나를 떠나고 말 것이다. 누구도 지나치게 불평불만을 달고 사는 사람 옆을 지키려 하지 않기 때문이다.

그래서 우리는 관계적 요인과 개인의 노력에 집중해야 하며 이를 통하여 행운이 들어 올 수 있는 통로를 넓힐 수 있다. 관계적 요인에 결정적인 역할을 하는 것이 바로 호감도를 높이는 것이며 이를 위해 개인의 노력도 필요한 것이다. 결국 '운이 좋은 사람'이 되는 비밀은 호감이라고 할 수 있다.

이 책은《호감, 운을 끌어 당기는 비밀》의 리뉴얼작으로 전체적인 맥락은 유지하면서 일부 내용을 최근 트렌드에 맞춰 수정하였다. 그리고 다양한 사례들을 추가하여 독자들이 호감의 법칙을 체득하기 더 쉽게 제작하였다. 예를 들면, 이런 사례도 있다.

타이거 우즈 선수 이전에 세계 3대 골퍼가 있었다. 잭 니클라우스, 아놀드 파머 그리고 게리 플레이어다. 대부분의 사람은 앞의 2명의 골퍼는 잘 알고 있을 것이다. 골프웨어 브랜드로 유명하기 때문이다. 게리 플레이어는 처음 알게 된 분이 많겠지만 다른 2명의 유명 골퍼만큼이나 존경받는 인물이다. 세계 4대 메이저 대회를 석권하였으며 전체 우승 횟수가 총 160회가 넘는 위대한 골프선수이다.

그는 골퍼로서 큰 약점이 있었다. 골프의 주류세계라 할 수 있는 미국이나 유럽이 아닌 남아프리카 공화국 출신이다. 또한, 신장이 170cm밖에 안 되는 신체적으로도 불리한 입장이었다. 참고로 잭 니클라우스와 아놀드 파머는 미국인이며 신장은 180cm가 넘었다. 그는 어떻게 많은 우승을 할 수 있느냐는 기자의 질문에 이렇게 대답하였다.

"The more I practice, the luckier I get."

"연습을 많이 할수록 운(運)이 좋아진다."

왜 그는 연습을 많이 할수록 실력이 좋아지는 것이 아니라 운이 좋아진다고 말했을까? 물론 겸손한 사람이기에 그렇게 표현한 것도 있을 것이다. 또한, 연습을 많이 하면 어려운 상황에서 정말 완벽하고 정교한 샷을 칠 수 있으며, 이것 하나 때문에 아슬아슬한 상황에서 경기를 뒤집는 일들이 벌어지게 될 것이고 이러한 상황을 운이 좋았다고 표현했을 것이다.

우리 인생도 연습을 많이 하면 운이 좋아진다. 인간관계에도 많은 연습이 필요하다. 평상시의 호감을 높이는 훈련을 통하여 당신의 운을 높여보자.

이 책을 읽는 모든 이들에게 큰 행운이 깃들기를 바라며…….

그 사람은 왜 또 만나고 싶은 생각이 드는 걸까?

괜히 끌리는 사람들, 호감의 법칙 50

초판 1쇄 발행 2023년 3월 20일

지은이 | **신용준**
기획 편집 총괄 | **호혜정**
편집 | **김민아**
기획 | **이보슬**
표지·본문 디자인 | **이선영**
교정교열 | **호혜정**
마케팅 | **이지영 김경민**
펴낸곳 | **리텍 콘텐츠**
주소 | **서울시 용산구 원효로 162 세원빌딩 606호**
전화 | **02-2051-0311** 팩스 | **02-6280-0371**
이 메 일 | **ritec1@naver.com**
홈페이지 | **http://www.ritec.co.kr**
ISBN | **979-11-86151-58-7 (03320)**